# 手艺往事

黄飞松 著

学苑出版社

图书在版编目（CIP）数据

手艺往事 / 黄飞松著 . —北京：学苑出版社，2020.10（2022.10 重印）

ISBN 978-7-5077-6012-5

Ⅰ.①手… Ⅱ.①黄… Ⅲ.①散文集—中国—当代 Ⅳ.①I267

中国版本图书馆CIP数据核字（2020）第181208号

责任编辑：陈　佳
封面设计：齐立娟
出版发行：学苑出版社
社　　址：北京市丰台区南方庄 2 号院 1 号楼
邮政编码：100079
网　　址：www.book001.com
电子信箱：xueyuanpress@163.com
联系电话：010-67601101（营销部）、010-67603091（总编室）
印　刷　厂：鸿博昊天科技有限公司
开本尺寸：880mm×1230mm　1/32
印　　张：9.75
字　　数：152 千字
版　　次：2020 年 12 月第 1 版
印　　次：2020 年 12 月第 1 次印刷　2022 年 10 月第 2 次印刷
定　　价：58.00 元

# 目 录

I 手艺往事（代序）

001　摆渡
007　爆米花
013　鞭炮
018　补锅
023　补袜子

026　裁缝
031　唱春歌
037　唱戏
043　秤
048　厨师
053　吹匠

056　搓欢团
063　打土墙
072　盗
077　钉鞋掌

083　贩牛
089　放蜂
093　放簖
097　放鸭
105　风月

113　糕点

| | | | |
|---|---|---|---|
| 118 | 画匠 | 152 | 磨剪子抢菜刀 |
| 122 | 货郎担 | 156 | 木匠 |
| 125 | 机匠 | 162 | 棚花子 |
| | | 174 | 婆子 |
| 131 | 开店 | | |
| | | 179 | 漆匠 |
| 137 | 郎中 | | |
| 144 | 炉铺 | 183 | 染布 |
| 148 | 箩班 | | |
| | | 187 | 杀猪 |
| | | 194 | 石匠 |

# 目录

| | | | |
|---|---|---|---|
| 199 | 狩猎 | 250 | 窑花子 |
| 203 | 说书 | 256 | 也说堪舆 |
| | | 263 | 邮差 |
| 207 | 弹棉花 | | |
| 212 | 淘粪 | 267 | 榨油 |
| 217 | 剃头 | 272 | 杂耍 |
| 224 | 挑牙虫 | 277 | 纸扎匠 |
| 229 | 铁匠 | 280 | 制伞 |
| 235 | 铜匠 | 285 | 竹匠 |
| | | 291 | 抓鱼 |
| 240 | 挖煤 | 297 | 砖匠 |
| 244 | 舞狮 | | |
| | | 304 | 后记 |

## 手艺往事

（代序）

世间万物均有生命。树木花草、飞禽走兽、城池村庄、楼堂馆所……与人一样，能呼吸，会吐纳，懂感情，明得失，知兴替。这些生命中有很大一部分随着人类生存而存在，又随社会发展而兴衰。因它们存在，人类生活丰富而多彩。这些，构成了人与自然和谐共存的生命共同体。手艺，不是从天而降，而是在人与自然的生命交融中诞生。手艺的诞生，意味着人类走向文明、走向品质化生活；另一方面，随着生活品质的变化，又有很大一部分手艺消失于无形。于是，人们可以通过手艺了解过去，通过手艺的受众解读当下，通过手艺人探求未来。

也许人们无法解析某一手艺因何而诞生，而是以一种加持的方式揣度当时的创造者，赋予其特定的含义，有的更近乎神话。比如剃头的祖师是关公，制笔的祖师是蒙恬，造纸业的祖师是蔡伦。是因为关公是员武将，有万夫不当之勇，杀人如同剃头一样简单，还是身体发肤受之父母，动其毛发视同砍头？蒙恬是秦国大将，传闻以兔毛缚于竹管便成了毛笔的创始人。蔡伦本是东汉宫中一名太监，升任尚方令后便有了"蔡侯纸"，而成了造纸的始祖，可越来越多出土的西汉古纸又是从何而来？还有，比干本是神话人物，千古第一忠臣，难道被剜心而不死就成了熟皮行业的祖师爷？……翻开各行各业祖师爷的历史背后，每个代表都有着显赫的身世或不凡的人生经历。有人为其作结论，认为各行业为己更好发展而寻一座好的靠山。依我看，可能不仅限于此。

人类在生存中从来不乏创造力，每一项创造都蕴含着无尽智慧。手艺，改变了人们的从业观。不一样的就业观，改变了人们的生产生活方式，带来不一样的情感生活。千百年来，各种手艺持有者在世代传承中，贯通着他们的独特认知。就手艺者而言，可能每一个时期，每个行业，每个人，在其从业的人生旅程中都有过徘徊、苦恼、

（代序）

犹豫、迷茫，甚至彷徨，他们将各种情感交融于手艺之中，借助于作品传递给受众。人们在或精巧或实用的不同风格作品中，体会手艺人的心路历程。由此，手艺与受众间在这样的施与受的信息交互中，更加提升了人们的价值追求与精神享受。

现在看来，绝大多数手艺是农耕时期社会形态的产物，是一个时代的记忆，也是一个时期的社会缩影。随着农耕文明的淡出，有很多手艺成了历史，从业者也随之成为历史。那些没有成为历史的手艺人，在社会日新月异的变化中，尤其在高楼林立的城市里，不可避免地将手艺混杂了其他元素，变得不再纯粹。于是，手艺多了几分演绎，手艺人也不知不觉地沦为非职业化演员。

乡村原本是手艺的土壤，可广袤的农田里不再纯粹。尽管还是那片绿，曾经疏密有致排列整齐的庄稼变得随意了，嫩的芽、熟的果还在，却少了汗流浃背、皮肤黧黑的身影。即便出现一两个人，手上把持的，也早已变成了现代化器具。住宅大了，人却少了；灯红酒绿声色犬马的多了，促膝相对谈天说地的少了；捧着手机对着电脑傻笑的多了，读书看报潜心沉思的少了。走过很多地方，也见过很多人，却极少见到结满老茧的手上飞扬着精工力量。曾经在村头巷尾吆喝的补锅人，走村串户不拘于场地就能操作的理发匠，那散着步聊着天还能飞针走线的人……似乎一夜之间消失殆尽。现今，那一件件材质高级的家具不知能否挺过保质期，一座座高耸入云的建筑不知会矗立多少年……所有的事物看起来都是新的，似乎都有一种红颜未老恩先断的感觉。忽如一天，当人们被塑料、泡沫左右了生活，发现曾经的岁月已经不再；忽如一天，人们沉浸在廉价的自娱自乐中，发现曾随处可见的工匠已悄然离去，渐渐消失在人们原本朴素的视线里。

过去是烟，会消失；过去是云，会消散。往事不会穿越，现在也无法与过去对峙。那些手艺人在曾经的人生旅途中是那样鲜活与真实，那些手艺人带给人们的生活是那样温暖与祥和，而如今这份鲜活与真实被封存，温暖与祥和被隔离。现实中，似乎从不乏新的温暖与祥和，只是，实质的鲜活与真实还在吗！

黄飞松

2020年1月

# 摆渡

我刚成年就参加了工作，上班的地方距我家差不多十公里。路程不算远，如果骑自行车用不到一小时。遗憾的是，我当时还没有享受骑自行车的资格，每次单程至少需要步行两个小时。更不巧的是，这十公里的行程中还有一条大河。平日里差不多有一百米宽，汛期来临时河道会宽上一倍。即便在枯水期，也有七八十米宽。越过这道大河，须借助于渡船。掌管渡船或在船上工作的人就叫摆渡的，有的地方也称其为艄公、船老大。

河流穿过了整个县城，县域内的河面上，每隔一段就有木船横渡，最多时有十几条渡船往来穿梭。船，是清一色的木质乌篷船，外形与鲁迅先生笔下的乌篷船差不多。船头靠岸时直插入泥土夯实的码头。人从码头上船，经过

甲板再到船舱。船舱是露天的,往来的人们可坐在船舱两边的船帮上。行船时,人们的脚落在船舱里,后背裸露在河面上,所以坐着的人都将身子前倾,免得后仰落进水中。乌篷像一只圆筒睡在船舱的后部,之所以叫乌篷,可能是船木在经年的风吹日晒下褪失了原木的颜色,抑或是因圆筒上方盖了一层厚黑的油毛毡。乌篷是摆渡人每晚休息的场所,进入乌篷的门不在前舱,需要手扶乌篷踩着巴掌宽的船帮走到后舱。后舱有摆渡人的锅碗瓢盆和一只风炉,可在此生火做饭。这儿不像前舱那么大而整齐,并且船尾没有船帮，船板好像直插水中，看上去很不安全。秃秃的船尾上，有一条木制的很长的橹斜插在水里，用来控制行船的方向。橹对面就是乌篷门，弯腰进去，里边放着摆渡人的被褥、换洗衣服和一些简单的洗漱用具。

不是所有的码头在船靠岸时都能严丝合缝。河水的丰与枯，形成不同的泊船位，在靠岸时距码头常有一条很大的缝隙。这时，摆渡人会从船头推下一块叫作"跳"的长木板，人们踩着"跳"上下船。等所有人上船后，摆渡人拿起一头镶有尖铁的竹篙，将船撑离岸。在来往的人中，也有成年人自觉接过摆渡人的竹篙，暂时担负起撑船的任务，腾出手来的摆渡人向陌生人收取过渡费后，走过乌篷的船帮，到后舱控制橹。被控后的橹好似船的眼，长了眼睛的船行起来更省力，速度也提了上来。

乘船者多数是周边村里的，他们交的是年费。偶尔过渡的我不属于交年费的对象，尽管只有几分钱，也常使我心疼，便设法与摆渡人处好关系。这样的机会终于来临。那是一个中午，渡船上只有我一个乘客，我便问摆渡人能不能让我撑船。他见是枯水期，便应允了。他走到后舱扳橹，除叮嘱我将竹篙下水远一些外，几乎每一篙下去都紧盯着，不停地纠正我的错误。船终于靠岸了，我被折腾得浑身大汗。他说教你们这些小鬼撑船比自己撑还累。我笑着给他钱，他却推了。这是我第一次"逃票"，也是第一次撑大船，竹篙都在船的下游撑，有几次差点连人带竹篙被迅速压上的船带入水中。不过，经过这样一次训练，我似乎找到了些窍门，此后每一次过渡时都主动担负起撑船的任务来。

一来二去，与摆渡人熟悉了。只要遇上过渡人少的时候，他就与我聊天，说起兄弟四人都已成年，中馈犹虚，加上家庭贫困，天长日久，便将他耽搁了。他说，他们兄弟四个是出了名的好劳力，加起来能挑一千多斤担。我说不就是一个人两百多斤吗，这也算好劳力？他笑道："小鬼你晓得个屁，那是老秤好不好！"老秤是十六两制的，按市斤计算，他们每个人要挑上四百多斤。这是常人难以企及的重量，我理解后敬佩不已，常梦想自己也有这样的一身好力气。

那时候的收入低，家境也不富裕，为了节省生活开支，我常从家里带菜到单位。他只要见我手上拎了东西，就问是不是带了菜。我老实，只要带了菜就点头称是。于是他便说:"小鬼,我们俩喝一杯。"也许是不好意思,也许因他把持着渡船不便得罪,更多的,是为了尝试酒的滋味,我便顺从地坐到了后舱船板上。他从乌篷里拿出一只玻璃瓶,瓶里有大半瓶酒。这只玻璃瓶,显然是医院里打完点滴的葡萄糖瓶。这只也不知在他手上用了多少年的瓶,瓶口的橡胶塞已褪了乳白色,泛着黑,破旧得似乎只能勉强保持酒水不漏。当时,就着我带来的菜,我们两人将那大半瓶酒喝完了。我没喝过酒,没想到第一次喝酒是在一条船上,更没想到我还有这么大的喝酒潜力,喝完居然没多少感觉,拎着空菜缸走回了单位宿舍。一路行,一路回想摆渡人说的话:"年轻时,这两根手指头花掉了多少钱,抽烟、喝酒、玩纸牌,人生也没白过呀。""你这小鬼,没想到酒量还挺大,将我好几天的酒都喝完了。""他们要过渡让他们自己撑船,不会撑就别过河了。"

剩下来的几天,我只能吃寡饭了。因父母担心年少的我乱花钱,从家里带了菜,就控制了我的菜金。可是等下一次拎着菜过渡时,经不住摆渡人的诱劝,喝酒又把菜吃了个精光。

后来,我转了工作单位,偶尔经过那里,仍忍不住拿起竹篙，过上一次船老大的瘾。又过了几年，渡口的下游建了一座桥，不仅可以过人，还可以行车。摆渡人不知所踪，那艘摆渡的乌篷船被长时间固定在渡口，终日孤零零地看着桥上往来如梭的人与车。

# 爆米花

现在的零食真多,连想不到的东西都能吃到。可在这么多零食中,却不知有几种是纯天然的。看到人们整日饕餮着转基因或是充满了添加剂的食物,不禁想起年少时的吃食。那时的零食从生长到加工,基本都是自家做的,整个过程自然纯净,只是有些单调,爆米花就算是"外来品"了。

上小学时,有个特殊的人偶尔出入学校,常引来同学围观。他个子很高,差不多有一米八,在一群小学生中格外突出。脸上棱角分明,令人印象最深的是他有一副大龅牙,大得连嘴也包不住。他总是穿着一套旧军装,骑着一辆驮着巨型袋的自行车,驰过教室前的操场,将车停在某间教室的窗前,旁若无人地叫卖"两分钱一包",引得课

堂上的学生翘首相望,老师手里严肃的教鞭此时也没了作用。好容易捱到下课,有钱的同学,花上两分钱,买上一大包。将包拆散,里面冒出一粒粒像泡沫一样的爆米花。这微微带甜的爆米花,一进嘴里就化了。还有人买的是爆玉米粒,一颗颗开着四瓣花的玉米,也是入口即化,只能在根部找到些许玉米的痕迹与硬度。更多的同学,只能眼巴巴地看着大龅牙自行车上鼓鼓囊囊的包裹,或是用能生出手来的眼睛紧盯着买了爆米花的同学。买了的同学地位陡涨,颇有号召力地拉上几个人,给这几颗,给那几颗。得不到的会叫着那人的名:"我们俩这么交好,你也不给我吃！"这么一说，可能会得到几颗，也可能会换来一顿反驳："你那天跳绳都不带我呢！""哪叫你在后面踢我！"

校园因大龅牙的到来乱了节奏，平日里常见的课间游戏没了，只有一堆堆的人群，而最大的一群是围住大龅牙的。为刺激我们买爆米花，他将自行车支好，吸上一口气，双手在地上撑着，头下脚上地倒立走路给我们看。有时候，他将巨袋卸了，骑着自行车围着学校操场转圈，一会儿表演骑车捡地上东西，一会儿屁股坐在自行车大杠上倒骑。那时候的自行车奇少，会骑自行车的人在孩子眼中都显得非常神奇，这样一个能在自行车上玩各种高难度动作的人，怎不令人兴奋？遗憾的是课间时间太短，十分钟一晃而过。上课的铃声将留恋的脚步硬生生拉走，大家无奈地回到班里。很多同学虽然坐在位置上，心还飘在外头，留给了爆米花的香，还有大龅牙的神奇。

当"两分钱一包"变成"三分钱一包"的时候，我们村里也开始出现炸爆米花了。

那是一个阳光灿烂的日子。正在家中拆竹椅玩的我被村中传来的一声震天的响动惊扰，忙扔下刚拆散的竹椅，任由竹椅零件铺了一地，循着响声跑出家门。在村口，只见一人摇着"炮弹筒"一样的东西,放在火上烤。烤着烤着,将一只长口袋往炮弹筒上一套,一脚下去,"砰"的一声。在围观者的惊叫中,那人又架好了炮弹筒,倒入一小碗"铁子"[1],将长口袋打开,一阵似烟似雾的气体窜出,里面也露出了白花花的爆米来。长口袋一抖,这些爆米都进入一个畚箕。接着,那人又摇动起炮筒来。看到这儿,我赶紧调头往家跑。

一进家门,黑着脸的母亲扬起了手:"叫你又顽皮!椅子又给你拆坏了,还不了原,晚上不给吃饭,饿死你个小鬼!"头上挨了母亲一巴掌,我也不敢说话,赶紧蹲在地上,将散乱的竹椅零件一一拼凑。那是我年少时最爱玩的游戏,当然,得是背着父母的。虽然因响声暴露了我的"罪行",但我丝毫没有记恨爆米花的意思。可能是爆米花的香味太过诱人,边还原竹椅时边叫:"妈!村门口有人在炸三分钱一大包,人家都做了,我家也做点好不好?""不好!哪叫你不听话,馋死你!"

那一天,我们家不仅炸了铁子,还炸了玉米粒,装了

---

[1] 铁子:方言,指加工后的糯米。

爆米花

整整两大方铁桶。

常年有爆米花解馋的家庭不多,大龅牙倒是不分四季地去学校叫卖爆米花。我们在他的叫卖声中一天天长大,也在他的叫卖声中离开了校园。几年后,已参加工作的我常在周日闲逛县城,偶尔也能看见那位大龅牙。那时他好像已不卖爆米花了。他将头发蓄得很长,似乎有些艺术范儿,可他衣服穿得随意,看上去距艺术又很远。他的车技仍然很好,常见他在街上骑着车,像泥鳅一样迅捷地滑过人群缝隙。有时见他在菜市场卖鱼,不似菜贩子过秤称,而是估堆或论条卖。有时县城里谁家有结婚、搬家的喜事,来自县城大街小巷的乞丐会一窝蜂地拥上去找主人要钱要物,这帮乞丐中也有他的存在。因他个子高,穿扮得特立独行,很能引起人们的注意。

他几乎成了我们这个小县城一段时间的风景,人们也奉给他一个非常响亮的外号"×神经",只要他出现的地方,大家犹如注入了兴奋剂,围着他看热闹。可这么一个能勾起我们年少回忆的人,是怎么沦落成这样的呢?原来他在年轻时应征多次,却都没能成功入伍。受到刺激后,便常穿黄军装招摇过市。清醒时,做点小生意;糊涂时，与乞丐为伍。别人根本不知他何时清醒，何时糊涂，只知他最终死于车祸。在他死的那天，有人在县城社区论坛上发了一条帖子，帖子写得很俏皮，跟帖的人也很多，语言也很俏皮，就像他生前每次出现在人群中一样，似乎总能带给人们不一样的热闹。

他走了，好像也带走了那个爆米花的时代。

# 鞭 炮

对于鞭炮,我估计同龄人都有与我一样的回忆。那时条件差,好像一年中只有过年时才放鞭炮。不似现在,稍稍有点什么事,鞭炮炸起来就没完没了。

多少年前的一个春节,我们家只买了两串鞭炮,一串五百响,另一串是一千响,再加一筒"二踢脚"和若干小支鞭炮。家乡的习俗是吃年夜饭前祭祖,祭完祖后放鞭炮。那串五百响就在年夜饭与祭祖之间炸响。那时候放鞭炮不似现在,将鞭炮往地上一铺,点上火,看硝烟随火头而移动,鞭炮碎屑在硝烟的裹挟中四处飞溅,燃放的速度很快,火头、硝烟、碎屑连成串,鞭炮迅速成为一条火龙往前窜。那时候的鞭炮是手工做的,火点完全依靠引线传导,燃放爆炸的时间长,爆炸的威力和响声也不大,一般可以提在手上边走路边任其燃放，逢年过节，大串的鞭炮多是挂在家门口用来晾衣服的竹丫杈上放。父亲将鞭炮点燃后，鞭炮开始噼里啪啦响起来。这时，父亲又拿出几个二踢脚来。一手拿着，另一只手用有火星的硬柴点上引线，等着火头顺着引线钻进那个红红的纸棍，"砰"的一声，二踢脚从父亲手中蹿了出去，飞上天空，再"啪"的一声，天空中就纸屑飞舞了。这样的二踢脚，父亲最多放上四个，其余六个留着大年初一开大门时放。

鞭炮放完了，全家准备吃年夜饭，父母与姐姐忙着整理饭桌，拿碗端菜时，我与弟弟则到放鞭炮的丫杈下找没有炸干净的鞭炮。父母也不阻拦，全家的生活进入慢节奏，只是笑着做自己的事。年夜饭吃完后，父亲从内房抽屉里拿出两串小支鞭炮来，分给我与弟弟。每串小鞭炮差不多只有20个，我们欢呼雀跃地拿到门外，一个一个地分开。将有的插在烂泥中点燃，看着烂泥在响声中花一般绽开；有的则点着后，见差不多要炸时急忙扔进水里，看水花在响声中飞溅。每一次绽开与飞溅，都引得我们喔喔大叫。欢乐的气氛感染了家中所有人，也勾得左右隔壁小孩都出门放小鞭炮。

## 鞭 炮

次日一早，我们几个小孩开始从东家窜到西家，等一个村子差不多要窜完时，手里又有了不少村中长辈给的小支鞭炮。

在这样的鞭炮声中，我们一天天长大。直到有一天，我也开始敢放二踢脚了。第一次放二踢脚是悄摸摸地。村里有个青年结婚，也不知是谁从他家摸了几个出来。我们几个小孩躲进村后树林里，将二踢脚倒插在树洞里，点燃后看着树洞里冒烟，兴奋得心都往外蹦时，二踢脚在树洞中传来两声闷响。接着，我们又觉得不过瘾，准备拿二踢脚去炸鱼。到了大河边，对准了好几次，可二踢脚放完了，也没炸到鱼，只好遗憾地收场。更遗憾的，是我们当时没人敢与成年人一样，昂首挺胸地用手拿着点火后的二踢脚，砰的一声，二踢脚从手中窜上天，在我们心中，那就像电影中炸碉堡的董存瑞一样帅。当年的大年三十，我央求父亲让我放二踢脚。父亲从厨房里拿出烧火的钳子，叫我夹着二踢脚放。谁料"砰"的一声，手中钳也被我骇得扔了出去。父亲哈哈大笑。接着非常严肃地对我们兄弟交代，一定不能独自放二踢脚。

没几年，二踢脚升级了，变成"砰……啪啪"三声了。紧接着，又有小高升和烟花了。鞭炮家族中，从此人丁兴旺了。

也许是年龄增长的缘故，鞭炮的魅力在我心中逐渐淡化，甚至到了讨厌鞭炮炸响的程度。尤其随着鞭炮品种的增多，对鞭炮家族的厌恶更为明显。除了震耳欲聋的嘈杂外，那急速燃烧、爆裂和纸屑夹着土块乱飞的画面，也令人心生恐惧。然而仍有很多人乐此不疲，也有不少人以此为职业。我有位儿时的玩伴弃学后别无所长，便开始在家制作鞭炮。我不止一次去过制作鞭炮的现场，看着工人将黑火药灌进纸筒，在纸筒的两头塞上干透的黄土。后来，两头的黄土也没了，换上了水泥疙瘩。据说水泥代替黄土主要是声音大，并且放鞭炮时也干净。没几年，他就发达了起来，成了我们村第一个私人买车的。在左邻右舍的羡慕中，没想到，一次操作失误，他家房子在震耳欲聋的响声中散了架，全家五口人加上两个工人全部丧命于事故中。

然而，这边有血的教训，那边继续鞭炮长鸣。我所住的小县城，生活中总少不了鞭炮，辞旧迎新、婚丧嫁娶、乔迁升学……无论集体还是个人，每逢大事要事都要以

鞭　炮

放鞭炮开场或收尾，好像没有鞭炮的出现，所有的大事要事就名不正言不顺似的。于是，凌晨被鞭炮轰醒是常事，半夜被惊扰也不鲜见。一旦遇上土豪，半个县城都弥漫在鞭炮的硝烟里。人们也没觉得不谐适，遇上了，习惯性地在鞭炮的硝烟中指指点点，评头论足。只有回家打开太阳能热水器使用热水时，发现放下来的水没有一点温度，上楼顶一查才知道，自家太阳能热水管已坏掉好几根。原本蓝莹莹的热水管泛着白光，旁边散乱着大大小小的水泥疙瘩。原来是小区里有人放鞭炮，冲上去的碎屑打坏了热水外管。放眼望去，整个小区楼顶上，各式太阳能上总有几个地方泛着白光。白光刺眼，也提醒人们鞭炮又惹祸了。

人们频繁地上楼顶维修太阳能，自然痛恨与己无关的鞭炮声了。可每逢自家有事时，又恨不得放更多鞭炮引来人们的注目。一年又一年，终于在这样的矛盾中，迎来了禁放鞭炮的通知。

禁令后，人们的大事要事还是隆重，仪式感一点没少。

# 補鍋

最近,村里有人建了新房,主人是我年少时的玩伴。他搬进新居那天,我赶去帮忙。收拾的间隙,他递给我一张传自祖辈用毛笔写的分家契约。这是一张跨越了半个多世纪的契约,我们当地称之为"分家单"。上面写着分了几户,每户得多少东西。除当事人外,还有见证人。见证人无非是舅舅、叔公之类的长辈,每个人都分别签名、盖章、摁了手罗。每个人名上方都注明与当事人的关系,显得庄重而严肃。分家单上受益方的名字下面是一串物品名称,这些物品都有相应的市值,按照市值取各受益人的平均值。据说,这样的分家

## 补锅

单是将物品搭配好后，由受益人抓阄后形成，其他人无非作个见证，显得公平公正，更免得日后再生是非。眼前这张分家单上的物品，无非是农具、牲畜、用具等，其中还有一项是锅。

锅是生活必需品，也属于旧时的传代用品。在条件非常艰苦的年代里，人们用锅烧饭、炒菜，在烧烧洗洗涮涮中打发艰难的时光。当时的人们居家生活没有什么值钱的家私，锅是家用品中的重要成员，呵护锅就如同呵护一个生命一般。于是，锅也成了生活品质的象征，以至于分家单过也有另一种说法，那就是"分锅灶"，分开做饭就意味着分家了。

在农人的生活中，难免有个磕磕碰碰。当左邻右舍发生纠纷时，即便一方打上门来，口头对骂甚至起肢体冲突，也很少有损害家私的。即便损毁了部分家私，也尚可容忍。可若是将这家饭锅打破了，其严重程度犹如拆了房，这两家可能就此结上死仇。大多农家的锅在天长日久的频繁使用中损坏的，如破上一个小洞，或者裂开一小条缝隙，农人都会用自己的方式临时处理一下，等补锅匠来到村里再进行修补。

我们村不大，但凡有一户人家的锅破了，平日总要向左邻右舍打听补锅匠来了没有，即便没来，邻人也知道了某家有锅要补，等补锅匠来后，自会相告。补锅时，补锅师傅在小洞或裂缝处缀上铜，将平时归集的铁屑混上不知名的溶液，填堵好破处。一口锅补好后，原来的裂缝如同一粒粒扣子排在那里，疙疙瘩瘩，使用锅铲、筷子做饭时需时刻注意，倒不是怕将那里捣坏，而是因平滑的锅上突然出现的疙瘩造成使用不便，也容易震动没破的地方。往往一口补好的锅还没用上几天，其他地方又破了。好在补锅匠常年在村里走动。那时，家要补的东西实在太多，脸盆、茶缸……遇上技术全面的补锅匠，还会让他补碗。所谓生铁补锅，手艺卖钱，可不仅仅指的是补锅。

很多补锅匠都是杂家，有的还会承接补伞、接犁头的活儿。那时犁田的犁都是生铁浇铸的，大多比较短促，耕田时吃土量不够，不仅不能将田地犁好，而且也不太好掌控，因此需要在犁尖处再续接一个尖头。我们家曾接过一次犁头，居然接的是一个尖圆形，看上去像葫芦串。这样的造型好像没任何道理，却非常好用。接犁头也是一门手艺活，在不用焊枪的年代里将两种不同的生铁接好，比较考究人的手艺。

多少年前，风靡全国的湖南花鼓戏《打铜锣补锅》的电影到我们村放映。年少的我们在本村看了，又赶到下一个播映点继续看，电影的故事梗概没记住，倒是将里面的台词记了不少。之后，稍微遇上我们自认为惊险一些的事情，就会高叫道"收割季节，谷粒如金，各家各户，鸡鸭小心"；犯了错误就喊"鸭婆下田，罚谷一十六斤"；恨一个人就咬牙切齿地说"剁他的手来磕了他的牙"。最有趣的是，补锅匠再来到村里时，就跟在他后面唱："补锅啊，有搪瓷脸盆、漱口缸子、鼎锅、饭锅、菜锅、潲锅，要补的啵……不会（那个）补锅（哎）我不来，（大娘哎）补得不好你打招牌……风箱拉得响，火炉烧得旺！"唱得补锅匠放下担子就轰我们，我们一哄而散，边跑边叫"补锅补伞，补你的屁眼"，气得补锅人朝着一个孩子追。小孩哪有跑得过大人的，被瞄上的那个小孩只有束手就擒。补锅人只是佯装举起手，要打逮着的小孩，胆小的孩子在这样的恐吓下，在挣扎中吓得哭叫。一见到孩子哭，补锅人心里立即着了慌。左右看看，见没有这个村的大人，便从口袋里掏出糖来哄小孩。见此，其他逃散的小孩又一拥而上，补锅人无奈，边掏边与孩子们说好话，直至掏净了口袋。如追赶小孩时被村里人看见，就放弃追了，顺水推舟地将问题交给那位成年人，通常这人对孩子说句告诉你家大人，也就作罢。

等补锅匠捡起担子往前赶的时候，孩子的叫嚷声又出来了。记得有一次，我们这帮小孩与补锅匠不厌其烦地周旋，直至将补锅匠唱出了村子，回家后我才发现自家的锅也破了。家里这口锅已经补过几次，没破的地方薄得像张薄纸，终于在这次的残破中"下岗"了。次日，等父亲买来新锅后，伸手从灶膛里将那口破锅托起，安上了新锅。

我就在这种跟着补锅匠后面跑着、唱着的日子里长大了。我们不再唱这部电影台词的时候，好像补锅的也没了。

# 補袜子

补袜子在三百六十行中根本不算一个行当,虽然在过去确实有这种行业存在,也有过不少从业人员,可它远没有剃头匠、木匠等流传得久,流传得广。

最早知道补袜子,是我很小的时候,那时家里只有父亲一个人有尼龙袜子。虽然家庭条件很差,但父亲是个教师,每天上班不能不装点一下门面,便买了两双尼龙袜子。现在看来非常好的棉线袜,在物资匮乏的年代却不是时髦品,只要几角钱,反而尼龙袜子是挺立潮头的,需要一块多一双,相当于一家人一天甚至好几天的生活费,对绝大部分家庭来说都是奢侈品。母亲是个家庭妇女,自然没这个待遇,我姐加上我和弟弟,正是长身体的时候,买尼龙袜也不合适,脚长大了,袜子不会跟着长,

不符合条件艰苦年代节俭度日的习惯。

当时的尼龙袜很厚,很耐穿,只要不遇到明火,是不会轻易坏的。居家过日子的人都知道,通常袜子最先坏的是脚趾和脚跟部位,而露在鞋子外头的袜筒并不轻易坏。坏的地方自然要缝补,可自己补无非是垫上一个补丁,穿起来总是硌脚。这时候,补袜子的人出现了。他们用一根细细的丝线,沿着袜子的破损处,密密地织上一块新布,这样补窟窿的办法,除了袜子破损处颜色不一样之外,穿起来很难觉察到此处有损。也有手艺不行的补袜人,以高温替代针线将袜洞补好,这样的袜子穿起来也硌脚,只是比自家缝得稍好一些。

我家曾接待过一位补袜子的老年妇女,她的丈夫是外祖父原来的同事。外祖父幼时家道中落,十一二岁时在一家布店里当学徒。外祖父出师后,与这位同事在一家布店里共事。同事的妻子年轻时有些近视,没想到晚年居然好了。她善女红,非常时期曾被戴过"四类分子"的高帽。帽子摘下后不久,趁着身体还健朗,她就利用自己拿手的女红活,走村串户地修补袜子来贴补家用。她在我家住过好几天,没袜子补的时候,将我家用秃了的牙刷收了来。把牙刷上的尼龙毛褪了,在牙刷柄上打上排列整齐的孔,重新穿上新毛。焕然一新的牙刷,毛用了好几年也不倒、不掉,只是穿孔部位没封好,有些漏水,刷牙时总也控制不住稀释了的牙膏。

  她临走时还送了我家一把大刷子,带柄有一尺多长,毛峰也很长,差不多有半尺,可以用来掸灰。四十多年过去了,这把刷子还在用。竹柄已经发红,毛依然很浓密,只是磨短了一些。

# 裁缝

从我记事以来,就知道自己有三个爷爷三个奶奶。我对在我年幼时去世的祖父印象不深,其余的三个奶奶和两个爷爷一直呵护着我的成长,我对他们自然熟悉得多。人们都说父爱如山,母爱如水,而祖母、外公、外婆的爱更是多了一份慈祥与宠溺。这一点更多地体现在多出来的爷爷奶奶身上。所不同的是,我在称呼他们时要加冠以师傅二字。年长后才懂得,他们两位是我父亲的师傅、师娘。

当年,我父亲告别校门后,曾投师到我师傅爷爷的门下学习裁缝技艺。在师傅家学艺三年后,一直将师傅尊为长辈,师傅家所有事务,他都有义不容辞的责任。比如师傅、师娘有事了,他充当一个准儿子的重任;师弟们遇到什么问题,他又担当起一个兄长的角色。当年,师傅爷

裁　缝

爷那个只比我大一岁、比我姐姐小两岁的小儿子突然病了，在缺医少药的年代里，我父亲将师傅师娘和小师弟接到镇上医院诊治，还请当地的老中医给他调理，怎奈各种手段用尽，也没能留住他脆弱的生命，然而自始至终父亲都尽了一个亲兄长应尽的职责。

　　我父亲虽是一个徒弟，却更像一个儿子，数十年如一日，一直履行当初投入师门的承诺，直到两位老人驾鹤西去。后来，我父亲也带了一个徒弟，这个徒弟就是我的小舅。我小舅向我父亲学徒时我还小，在我的印象中，他对我父亲又敬又怕。如今我父母已经老迈，小舅也步入老年行列,但他仍然对父亲敬畏有加。

那时候过年要穿新衣服,父亲忙完学校的事情后,将家里的事情交给母亲,只身一人赶到农户家缝纫衣服,往往要做到腊月二十八九才返家。到家后,父亲还是没时间给我们几个做衣服,而是给左邻右舍用零散拿来的布料赶制新衣,忙得不得了,甚至到大年三十晚上,还有几件外人的新衣还没赶出来。等给我们做新衣时,常常已是后半夜。好在在家做衣服的时候,母亲能帮上忙,比如锁扣眼、钉扣子、吊裤脚等。有了母亲这个帮手,父亲做衣服的速度会提高不少。等父母把我们姐弟的新衣都赶制出来,天已经大亮了。

父亲那时很忙,他除了是个裁缝,还在乡村担任小学教师,他在农村复式教学中很有心得,曾被县教育部门列为典型,到好几所学校介绍教学经验。我印象中,他是个多面手。不仅精熟所有的农事,还兼了两个生产队的会计,每当年终分红的时候,这两个生产队都得根据父亲的安排来调配时间。当时,我们家常门庭若市,来往都是这两个生产队的队长或保管员。这时父亲往往已经做好账了,他们对账的时候,父亲手上做着裁缝的活,不用看账本就能将几十户人家的账倒背如流。因为辛劳,我父亲总想辞去会计这一职位,却从未成功。

现在,父亲已经老迈,但他每年都要与母亲一起,乘上两小时的车,到大山里看望一些人。这些人都是他年轻做裁缝时落脚的人家,这些老人与父亲结下了深厚的友谊。那时候,出门几乎靠走,运货基本靠挑。每年要放暑、寒假的前夕,父亲的缝纫机就被山里人挑走了,放了假的父亲走到山里,一住就是几十天。我曾经问过父亲,为什么那么远的地方都要来请他做衣服?父亲说,他在人家做衣服是见天算,做起来不分昼夜。那时一般的裁缝每天只做一至两套衣服就休息了,父亲在最多的时候,能做一匹布。这一匹布,除了给人家做一床垫被,剩余的都做了衣服,通常一人能做到十三四件衣服,不过不包括钉扣子、锁扣眼。有这样功效的匠人,主家能不喜欢吗?还有一个重要的原因,就是上工后父亲肯动脑筋为雇主节约,做同样的衣服,父亲用的布总比别的裁缝要少。当然,裁缝夹带布头回家的现象很普遍,"裁缝不偷布,三天一条裤",就是说的这个行业的潜规则。于是,父亲的种种做法,自然不讨同行喜欢。在这个问题上,父亲至今还是坚持自己的观点，说那时候大家都艰难，请一个匠人不容易，再说自己的事情多，不节约时间忙不过来。那时谁家有老人去世，需要裁缝帮忙入殓，有很多裁缝不敢给死人穿衣服，父亲却做得很好。多少年后，我问他做这些事时怕不怕，父亲说，不怕是假的，可如果大家都怕，那这事谁来做呢？

　　参加工作后，我就看不上父亲做的衣服了。父亲做衣服以老式为主，像现在又流行起的唐装，父亲是最拿手的。而在当时，我会选择到服装店里买一些现成的衣服，图个款式时髦，穿得是否舒服是次要的。就在我选择买衣服的时候，街上的成衣店也多了起来。裁缝学徒的形式也逐渐发生了变化，比如由过去的学徒三年缩短至一个月。这一个月中，一个师傅现场教学，下面的学员集中听课，像学校读书一样。这样的方式没过几年也没有了。现在，缝纫机都没人买了，街上的成衣店也是一家挨着一家。店家多了以后，就逐渐看不到裁缝了。

# 唱春歌

已年过半百的我，对春节总是心怀抗拒。看见美食，想起"三高"和松动的牙齿；看着很多想干的活，想到双肩已难以承受过重的负荷……看着现实中的一切，似乎更爱怀旧起来，特别是怀念儿时在农村与父母在一起过春节的情景。

过年了，我们姐弟几个早早起床，一定要先给父母拜年。等父亲将开门的鞭炮燃响，在噼噼啪啪声中，吃上一小碗有两个五香蛋的甜酒酿，象征着甜甜美美的一年就这么开始了。碗还在灶台上打转，人就出了门。这一天父母是不管我们的，只是叮嘱我们一定要到村里有老人的人家拜年。春节过得繁忙，却也简单。我们走到一户人家，可能会被家中老人拽到一边，悄悄塞上一两个五香蛋，或者一挂百子鞭（炮）、一小把糖果，只有自家亲戚才会塞上一个小红包。不过孩提时的我们对于红包并没有那么渴望，因为回家都得"交公"，自己支配的权利几乎没有，远不如五香蛋、鞭炮、糖果来得实惠。

我大概十岁时，春节出现了一项新内容，就是唱春歌。后来才懂得，这意味着改革开放的号角已吹响。政策的宽松，使得停止了十几年的农村文化生活再次复苏。初一的上午，村里响起了喧闹的锣鼓声，这是唱春歌的来了。

唱春歌有的是一人跑单帮，行李也简单，只有一个用布缝的袋子挂在肩上，颈上搭着一根绳，绳的两头拴着碗碟一般大小的鼓，两手拿着鼓槌，边敲边唱。也有的是两人，每人身上都背着一布口袋，一人持鼓一人持锣。当时我们并不关心人家唱的是什么，只是跟在后面看他们一户一户地上门挨着唱。有的还没唱上几句，主人家就会笑呵呵地递上红包。唱者笑着将红包接了，扔进布袋里，千恩万谢地离去。兴许有人家给的红包厚了些，就将锣鼓点子密密地打上一阵，吼上几嗓子，在主人的笑声中离去。有的人家总是不见人，搞得唱春歌的锣鼓点子紧一阵慢一阵，歌唱者要失了耐心时，主人才笑呵呵地出现，拿上一个红包，唱春歌的依然千恩万谢地离开。也有的人家不给钱，只给一些欢团、糕饼，他们也接了，放在另一只布袋里。我接连跟了几家后，才觉得这样的跟随没意思，便跑开了。

随着年龄的增长，我逐渐失去了跟随的兴趣。当这样的兴趣不再，唱春歌好像也突然消失了。现在的农村，春节与城里没什么两样，早已远离民歌悠扬的年代。多少年后，我有一阵对这些民俗产生了浓厚的兴趣，我曾遇上一个年逾八旬的老者，他当年就是唱春歌的代表。当问到所唱内容时，老人咧着少牙缺齿的嘴说，一般的开场白就是"见子答子"，也就是看见什么唱什么，即兴创作。如说看见老头，"锣鼓一打（么）响起来，迎面站着老神仙，红光满面身体壮，仙风道骨赛寿星……"；如看见老太，"锣鼓一打（么）响起来，疑是菩萨显神灵，眼前谁家老太君，分明王母下凡尘……"；如果门口洞开，没人出现，就直接唱"锣鼓一打（么）响起来，春风扑面喜气来，龙入云端任驰骋,鱼跃龙门好发财,喜鹊登梅喜成双……"一直没人出来,就接着去下一家。问到报酬时,他说:"刚解放的那会儿,人家一般就给点糕点,很少有给钱的。'四人帮'刚粉碎的那几年才开始恢复唱,钱也越给越多了。"

老人还介绍,这样的习俗在我们当地一直就有,每年从正月初一一直要唱到"开秧门"。开秧门是我们对早稻插秧时节的一种称呼,大约是每年谷雨前后。平时也有人会唱,但那个不叫春歌,叫山歌,调子差不多,内容则不同。耕田时唱《除草歌》,牧牛时唱《放牛歌》,车水时将号子与山歌一道喊出来。特别是《除草歌》,在没有任何人配乐时,完全根据现场人的参与,将山歌唱出味道来:

手把那锄头锄一锄
锄掉野草好长苗
(众和)咿呀嘿,呀嚯嘿
锄掉野草好长苗
(众和)呀嚯嘿,咿呀嘿
…………

他说,在那个大呼隆[1]的年代里,春歌不给唱,但这样的山歌还是允许的。就这样,每当农闲时,唱得出色的人就自配锣鼓走村串户地唱给别人听,既过了瘾也挣了钱。在唱春歌的岁月里,老人遇到过各色人等,有爱听却不舍得掏钱的,有怕烦赶紧拿钱打发走人的。遇上豪爽、爱听又有钱的人,才会留下唱春歌的人,泡上一壶好茶叫人家唱。除了即兴演唱的曲目外,还有《报花名》是必唱的:

正月里梅花带信来
二月里杏花等春来

---

1 大呼隆:农村集体经济时代。

三月里桃花顺家爬

四月里蔷薇靠墙开

隆地个隆地咚呀隆地个隆地个咚

五月里栀子心内黄

六月里荷花满塘开

七月里菱角水漂漂

八月里桂花满园香

隆地个隆地咚呀隆地个隆地个咚

九月里菊花遍地黄

十月里芙蓉嫩洋洋

冬月里雪花水飘飘

腊月里腊梅花正当香

隆地个隆地咚呀隆地个隆地个咚

最后，人越聚越多，自然而然地和上声了。谈起这些往事，老人脸上的皱纹也舒展开来，讲到高兴处，忍不住又哼起来了。

# 唱戏

多年前,全国每年都要进行戏剧小品评选,从省里到市县,自然要组织作品参评。各地由文化部门牵头,发动本地的专业和业余作者来写。见到坯子不错的,将作者请来,安排吃住,在专家的指导下修改打磨,润色好后提交上去。如能过五关斩六将地在全国获大奖,则皆大欢喜。获不了大奖的作品,也许能在省市的评奖中占据一个席位,这也是美事。我曾连续好几年参加这样的活动,作为一个初学写戏剧小品的人,参与就自感难得,不敢奢望拿奖。

在那几年的活动中,总有一位长者在场。茶余饭后闲聊时,得知他与我父亲竟是中学同学,却一直没结婚。看着他不凡的仪表,优雅的谈吐,不错的工作,怎么也分析不出他没结婚的原因，后来才知他年轻时曾暗恋一位当地有名的乡村旦角。怎奈他除了能在看戏时远远地见到那位"女神"外，日常的工作和生活没有一项能与之交集，连落花有意流水无情的机会都没有。大好的青春岁月，每每有人为他介绍对象，他总以那位旦角的长相为标准，不知错过了多少次机会，待蓦然回首醒悟时，已人近暮年。

他暗恋的那位旦角我认识，年龄应与我母亲差不多，长得确实漂亮。她是一个乡村戏班的旦角，随着那个戏班游走演出于四乡八里，被她迷倒的人越来越多。那时候没有追星族一说，可观众的疯狂丝毫不亚于追星的粉丝。戏班几乎每到一个地方演出，她在台上唱得起劲，台下半大小伙子为争着看清楚都往前拥，搞得戏台下闹哄哄的，我们当地称为"打歪"。打歪升级后就是打群架，即便不打架也会造成安全隐患。有次打歪中，居然将戏台给轰倒了，险些出人命。

我认识她并不是因为追星，而是她与我舅都在一个戏班里唱戏。我年幼时常去外婆家，外公外婆与舅舅家住在一幢房子里。一遇上他们在本村唱戏，我就去追热闹。恰有一次，长辈们怕将我这个小亲戚挤坏了，就安排我到戏台上看戏。戏台是临时搭就的,却丝毫不影响功能的分布。依旧分了前后场,前场唱戏,后场化装。两边有文武场,文有二胡武有锣鼓。我一般喜欢站在文场边,伴着二胡等弦乐,透过缝隙既能看到戏台上的唱念做打,又能看见台下观众。这样的待遇不是一般人能有的,即便演员子女也不行,是只有我这位小客人才能享受到的优待。

在戏台上看戏,能看到不一般的内容。后场的演员化装尽揽眼底,前场的唱戏虽只能看到背影,却也可窥探到戏装内的寻常衣鞋。同样,也亲眼见到素脸素装的名旦慢慢上妆后,变成了颠倒众生的模样。只是幼时的我觉得她在台上表演时,既没我舅潇洒,也没那个丑角搞笑。可有一场哭戏,她面对观众时泣不成声,转身走场依旧满脸泪珠,却在文武场的一刹那对视中,笑了。泪水与笑脸呈现出的强烈对比,深深刻在了我年少的心坎里。也就在那一幕间,舞台下又开始打歪了。我见黑压压的人群像潮水般,从左歪到右,又从右歪到左,有规律地这边高起来那边矮,人群像风中的麦浪,此起彼伏。这样的场面有一种真实的震撼,年幼的我看得血脉偾张,激动不已。我看不懂什么水袖飞舞,听不懂什么咿咿呀呀,打歪的精彩程度远超过戏台上的表演。不过浪潮再汹涌，总有归于平静的时候。在平静中不知过了多久，就有人将迷迷糊糊的我抱走了。醒来一看，已到了外婆家。外婆见我被人送回来，赶紧打水让我洗漱后上床继续原来的迷糊。正流连梦乡，一阵小孩哭叫声将我惊醒。我不知所措地要起床，外公严肃地摁住我。清醒后的我终于听清了，原来舅舅与舅妈吵架了。吵架自然影响到我的两个表哥，哭声就是他俩发出的。

如今回想那一幕，那情绪之间的蓦然转换，非专业演员不能担当。尽管这是一个乡村戏班，在曲种林立演员如潮的祖国大地上不值一提，可这不起眼的戏班里居然有演技至此的演员，难怪能吸引众多的戏迷，也难怪能将父亲的同学迷得改写了人生。只是不知有多少人重蹈了他的覆辙，也不知深陷其中的人又有多少能从戏中跳出，回归生活。如今，那些沉迷于戏班的人多已老迈，不知是否品出人生如戏戏如人生的滋味。

也不知过了多少年，我从母亲的嘴里知道我舅从小就爱唱戏，只要嘴闲着的时候就唱，也不分什么场合。更为过分的是，他有多少次在田地里忙得热火朝天，只要有人吆喝一声，就会毫不犹豫地放下手中的活，赶过去与人搭伴唱。他们那个村里可能像他这样的人多，生旦净末丑占全后，就组了个戏班。生角、旦角永远是传统戏的台柱子，每个戏班配备得也全。由此，我舅他们这个班子，就出现了两个小生角和两个旦角。他们唱的都是传统戏，比如《山伯访友》《白蛇传》《天仙配》等等。基本以公子小姐的故事冲突为主，他们四人常轮换搭戏，将这个戏班的好名声传得很远。他们各自成家后，和谐的场面打破了平衡，一旦连续唱几场后，不是发生这家后院起火，就是那家鸡飞狗跳。戏班中人的故事与戏文一样的精彩，家里的长辈也管不了，只能任由这矛盾自生自灭。奇怪的是只要停一段时间不唱戏，大家又能和平相处了。

随着农村的土地被个人承包，没了生产队的集体作业，人们能大范围集中在一起的机会少了。加上电影电视的逐步普及，人们不再喜欢临时搭台临时唱戏了，我舅他们受邀的次数越来越少。直至有一天，小孩偷偷将存放在家里的道具拿出来玩，大人也懒得管时，这才发现戏班终于组不起来了。

没了舞台的戏班成员，始终认为大家是一个团体，一旦谁家有事，都是集体上阵。这样的友谊和情结也影响到下一代，有好几对良缘就在长辈们的来往中促成。社会发展了，绝大多数人的日子往精彩里走，人们在每天迎来朝霞中更换新的内容，也以更新的内容送走夕阳。在日新月异中，又到了农闲季节，几个男人轮流坐庄地聚餐后，枯坐在农家小院里，却不再有那没完没了的话题。相对无言，只有自拉自唱地来上几段。高亢的声音没了旦角与花脸的区分，吼完的嗓子格外的纯净，漫漫长夜也不再单调。夜深了，一个个微驼的身影从院门中滑出，相互挥手后，形只影单地萧瑟而去。

# 秤

小县城的一排老房子要改造了,晚饭后散步的我不知不觉走到这儿,在一排写着"拆"字的房子中,意外发现一间毫不起眼的门面房门口,居然挂了一个"县衡器厂"的牌子。牌子白底黑字,经年无人打理,底色早已不再纯净,黑字也斑驳得没了模样。这块牌子与门面一样,可能早已被人们遗忘了。可它的存在,却勾起了我的很多回忆。

衡器就是秤,是人们利用杠杆原理衡量物体重量的器具。主要的构造想必人人都知道,一根布满均匀刻度的木杆,以杆子上垂下的金属钩勾住物体,一手提着钩子上方的绳子,移动杆子上以细绳拴住的铁砣。当杆子平衡后,看刻度就知道物体重量了。在遇到超重的物体时,还需两人用杠子抬起,再加一人掌握铁砣。这样的杆子就是

秤杆,铁砣就是秤砣。就这么一根木杆,一坨铁,一只钩子,几根麻绳,衡量了人类几千年的价值观。

待拆的衡器厂早已不再生产,落寞的门面和陈旧斑驳的厂牌告诉过往者,这里的一切都已淡出人们的视线,且终将尘封在人们的记忆里。我不知道厂里有着怎样的陈设,也不知道里面有多大,更不知道厂里的工人曾经如何工作,然而我相信这里的产品一定遍布全县每一条街道,每一个小区或村庄。这里,应该是全县最公平的地方,也是全县最能制造公平的地方。

当弹簧秤开始普遍出现在人们的生活中时,城市的大街小巷,各式各样的数字化衡器取代了传统的杆秤。新衡器的出现,将衡器厂送进飘摇的风雨中。

多少年前,我们村里来了一个或许是衡器厂出来的制秤人。他挑着担从村尾走到村头，在妇女洗衣洗菜的水岸边的树荫下停了担子，也停下了手中的铃铛。这担子与其他手艺人的担子不同，担子两头插满了一枝枝长长短短粗粗细细的木杆，木杆像标枪，枝枝直指蓝天。停了担子的制秤人也不多话，慢条斯理地将工具摆放整齐后，闷头开始干自己的活。那有条不紊、不急不忙的做派，既从容又自信。妇女们知道他是制秤的，有需要的人开始上前询问，如有现成的秤，制秤人和和气气地直接取出，而后妇女从家里拿出钱来换走。如没有合适的秤，等妇女提出要求后，在一张纸上记好，复述一遍后就开始制作了。

  一枝枝木杆都非常圆润，想必早已车圆并打磨好了。制秤人先将木杆粗头钻上两只通透的眼，穿上绳子，配上金属钩子，再挑一只穿上绳子的秤砣。一手拎着绳子，另一手将秤砣挂在木杆上，不断拨动拴秤砣的细绳，当木杆呈水平线时，就在秤砣绳的位置做上一个记号。而后拿出另一个钻子，开始钻眼。这个钻子也是一根木杆，木杆的下方是金属的，上方是一个小圆盘，圆盘下垂着对称的两根细绳，细绳分别绑在一根横杆两头。制秤人将木杆和横杆握住，转了转木杆，绳子螺旋状地缠绕在木杆上，将金

属头对准记号,催动横杆,木杆转起圈来。随着制秤人握横杆的手一催一松,再移位一催一松,几个好看的眼出现了。这就是定盘星。定盘星也称准星,有不少的寓意,告诫用秤的人要心居中正,不可在称秤时偏斜而妄贪钱财,否则会折寿少禄损福。

准星定好后,接下来就是计算杆秤的刻度了。所有的刻度都定好后,依旧像此前那样一催一松地钻眼。我当时很小,总觉得这样的钻眼很好玩。眼见着他将所有的眼都钻完后,时间已过去了好久。钻好眼后的制秤人又从挑子里拿出一根软软的金属丝来,左手将金属丝往刚钻好的眼里一送,右手拿着一根方方的铁块贴着秤杆将金属丝扫断,又在眼上轻拍一下,金属丝再去堵下一个眼。这样的动作远没有钻眼那样好看,我有些索然地离去。没走几步,又忍不住回头来看,只见制秤人又开始拿一把刷子,从自带的小罐里蘸水刷在秤杆上。就这样,一杆秤制好了。

制秤人手一刻不停地坐在那里整整一天,反反复复就是那么几个动作,看久了也就没了兴致,我便回家了。过了很多天,地里的黄麻熟了。大人削了叶子,烧了根须,又在河水里浸泡了好久后,湿淋淋地搬到自家堂前,大人小孩都忙着剥黄麻了。黄麻像一层皮,被大大小小的手褪去后,露出里面白白的麻秆。麻秆是空心的,外形与秤杆差不多。我们这些小孩开始有滋有味地模仿起制秤人的动作来,制好一杆所谓的秤后,找一块石头当秤砣,还煞有介事地称起东西来,压根也不知道秤里的学问有多大,更不懂得,世间的深奥正隐藏在这些看似简单的外表下。

# 厨师

常出入酒店,最怕吃酒席,却又不能不去。逢亲朋好友家里办喜事,总得随份子,等到了好日子,自然地聚在一起,找上十个人,围着一个圆桌开吃。现在的酒席都在酒店开办,等人坐定后,服务员逮到什么就上什么。主人只追求酒店的豪华程度和菜的数量,对味道的追求尚在其次,更不讲究上菜的次序了,完全忽略了菜品先后所蕴含的文化寓意。每每于此,我便怀念起农家办酒席的方式来。

农家开办酒席,大多以八人一桌。座次也有讲究,进门靠墙的最大,墙对面稍次,脸朝大门的再次,最小的是背朝大门的人。坐在最末位的人,还要承担起半个主人的责任,照顾这桌人的吃喝,承担菜品调换或筛酒的责任。

座位有了大小之分，主办方对每一位客人的座次都要做到心中有数，否则容易得罪人。安顿好客人后，开始上菜。开始从东首第一桌，也就是进大门右边最里面的那桌上菜。第一碗菜基本代表着整个筵席的中心意思，比如上

圆子，代表结婚，寓意圆圆满满；如上面条，代表做寿，有长寿之意。主菜为红烧肉、蹄髈、粉蒸肉、鱼等，在这些主菜上桌的间隙，有小炒、糊粉、汤、子膏、点心等。随着人们生活水平的提高，又增加了牛肉、整鸡、整鸭、老鳖等。所有菜品上席都有次序，红烧肉上席需放鞭炮，主人家也要开始敬酒了。敬完酒，端上一只盘子，盘内垫着红纸，纸上有三只倒扣的酒杯。用托盘托了送向东首第一桌，筛酒人将三只酒杯正过来，倒上酒，开始让客人猜拳。如在座的客人不会猜拳或谦虚推辞，筛酒人便主动邀请或拉上帮手，猜上三拳，决出胜负，喝完三杯酒。再倒

满，传入与东桌对应的西首第一桌。西桌也开始划拳，东桌的客人如有兴趣，仍可继续划拳。随着那三只酒杯的下传，整个筵席随着猜拳的范围扩大，也逐步走向了高潮。

开办酒席，主角是厨师。厨师除了有个做菜的好手艺，心中还要对上某个菜有数，既要顾忌到客人的感受，又要保证厨房炒菜的次序，更要讲究一定的荤素搭配。一旦厨房忙不过来，又跟不上节奏时，厨师就要调度上菜的帮工上冷盘补上。一顿酒席二十多道菜，能将所有菜都做得好，有次序地端上酒席，是比较考验厨师水平的。

我母亲是一位厨师，在当地一度盛名。她能成为厨师完全与她平时打理家务有关。20世纪70年代，但凡村里来了开河道的民工或选草的纸工，我们家总会被派驻十多人。这些人住在我们家，自然也吃在我们家。母亲干活麻利，除了日常在生产队里上工外，还能将这十几人的伙食安顿得很好。那时条件差，有时家里实在没菜了，母亲也能设法做上几个。我印象最深的一次，家里来了两个客人，可家里除了两样蔬菜，只有两只鸡蛋。鸡蛋怎么煎也只有一小盘，客人加上我们全家共七人吃饭，如果不在数量上想办法，根本满足不了七个人的下饭菜。贫穷的家里

## 厨　师

无长物，更无调配的佐菜。母亲灵机一动，将家里仅剩的一碗发米与鸡蛋放在一起搅拌了，再加上一小把剁碎的腌菜，煎出很大一盘别人从未吃过的鸡蛋来。客人吃得高兴，临走时，连夸母亲有当厨师的潜质。

最终让她下决心做厨师的是外公。外公是个非专业的厨师，他在改革开放初期，给几个亲戚家料理了不少的待客的菜。其间，叫母亲去帮了几次忙。而后，在他不断鼓励下，从未学过厨师的母亲出手了。一出手，就显示出她的才能来。没几年，她便成为远近闻名的厨师。为当好厨师，也为方便办事的人家，家中把厨师的工具都添置齐了，还置办了够三十多桌所用的碗筷杯碟，只要人家有需求，所有的家私都能派上用场。

母亲不识字，每一次被人家请的时候，总由父亲根据母亲的口述开具菜单。人家根据单子，将要买的菜在办酒的前一天上午备齐，下午母亲到主人家配菜，并将粉蒸、红烧的肉分好并上色，将一些耗时的大菜下锅后再回家，临行前叮嘱帮厨的先烧到什么程度。次日一早，便到主人家检查头一天大菜烧的成色，然后做适当调整。等客人开始坐席时，便开始边炒菜边上菜。她不仅菜炒得好吃，而且时间安排也紧凑,从厨房到客厅的秩序井然。帮厨的都是左邻右舍的主妇,也愿意与母亲合伙。一次酒席下来,宾主皆欢。

母亲的厨师生涯一直坚持到六十多岁,才在我们姐弟几个的劝说下,放弃了出门给人办酒。至今,她办酒的那套家私还在。遗憾的是,我们姐弟几个没人接下她的手艺,我们的子侄辈也没有。

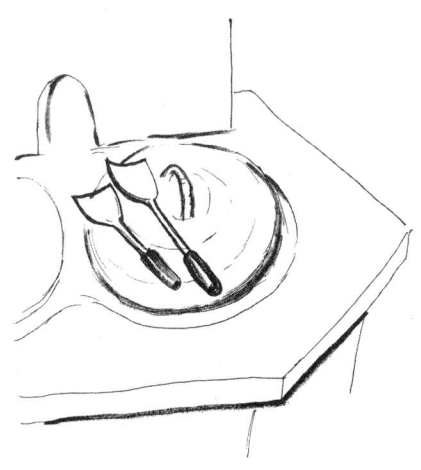

# 吹匠

生老病死，婚丧嫁娶，都是世间寻常事。每一件事情的发生，也都伴随相应的仪式活动。其间，总有一些枝枝蔓蔓的小事，这些事有的看起来正常，有的却令人意外。一次，我的本家大叔仙去，家人将其灵堂设在了殡仪馆。现在的殡仪馆条件不错，吃饭、住宿配备得一应俱全，给料理后事的人提供了不少便利。可是当天晚上发生了一件事，令我感到非常愤慨。

按当地的风俗，灵堂不能没有人值班，一是要保持灵堂前的香火不能熄灭，二是防止有人来吊唁时没人接待。所以到了饭点，只能轮换着去吃。堂弟在殡仪馆食堂订了一桌菜，轮到我吃饭时，见桌上出现了几个不认识的人，我以为是大叔家的亲戚，就没作声。可这些陌生人的吃相实在太难看,我有些忍不住,边吃边打听他们是哪一方的亲戚。没想到的是,这些人居然是别人家请的乐队,因嫌主家提供的菜少,就跑到我们这一桌来吃了。我禁不住脸一沉,不免说上几句难听的话。等他们离开后,不禁想:这些也能算手艺人?怎么没有了最起码的规矩了呢?

我们这儿但凡婚丧嫁娶,都有请乐队助兴的习惯。以前的乐队一般以唢呐为主,锣鼓为辅。随着管弦乐器的普及,传统的唢呐和打击乐被逐步替代。传统乐队组成人员可多可少,最简陋的就是一对唢呐,用的是宫、商、角、徵、羽五个音,有一套传统的吹奏法,丧事用"哎哟哟",喜事则用"百鸟朝凤",乐曲不多,反复演奏,或者引用一段戏曲助兴。现在的乐队至少由四人组成,鼓、长号、短号、萨克斯是不能少的,吹奏的是1、2、3、4、5、6、7七个音的现代乐曲,曲目品种繁多,常有穿插和混淆。主家图个热闹,也没人追究曲目是否与情境相配。

无论现代还是传统,我们一律将这些团体里的人称为吹匠。

本家大叔的事情办完后,那个插曲自然也随风而去。再次勾起我的回忆,是在我小舅最小的儿子的结婚典礼上。新娘迎娶到家后,自然要吃酒席。农村坐酒席桌是有讲究的,好在现在人开办宴席,一般都选择在酒店里。酒店里一色的是圆桌,便少了长幼之分。一般坐酒店里桌的人相对要重要一些,以亲戚居多;越靠近门口的客人,要不辈分低,要不相对疏远,以朋友或邻居较多。我作为常年不在家的亲戚,虽说辈分不高,也应当坐在靠里一些。因我对座席从不在意,加上爱宽敞,便选择坐在靠门的一桌。小舅特地来叫了一次,我开玩笑对他说:"外甥应该坐天井的,这里没天井,把大门也是应该的。"小舅哈哈一笑,也没与我谦让了。

　　小舅不爱排场,不喜现代人的纯西式婚庆,只请了一对唢呐。吹唢呐的两人坐在门口,与我同了一桌。每逢酒店上菜,唢呐就要吹起来。一道菜上完后,停止吹奏,与客人们一道吃菜、喝酒。在吃喝的间隙,我将那件发生在殡仪馆的事复述给他们。他们听了一笑,说:按传统习惯,这样的手艺,主家给什么就吃什么,坐席只能坐门边或天井,更不会出现吃别人菜的行为,这样与抢有什么两样?说到这里,有个吹匠说:"我们这一套都淘汰了,就跟这个一样喽。"说完,举了举手中的唢呐。

# 搓欢团

欢团是我们这儿对米团的叫法。叫法不同,其制法和用途也不一样。用得最普遍的是过年时,贵客来了,用碗盛上两个欢团和两个剥壳的五香蛋(茶叶蛋),讲究的人家还放上一勺白糖,当着客人的面,用开水冲了,用勺子搅上一搅,双手捧给客人。客人口说"多承你的",立即从碗里挑出一个五香蛋,放在桌边盛放五香蛋的碗里。主人会说"元宝要双份",要把这个五香蛋再盛给他,客人便以肚子装不下为由推辞。这表达的是一种谦让,也说明了鸡蛋在困难时期的珍贵。如果桌上没有放五香蛋的空碗,客人会将五香蛋挑给主人家的小孩,或者直接到厨房取空碗。见此,主人会让客人坐着,自己拿一空碗来。如客人与主家比较随意,也就冲两个欢团,五香蛋带壳放在另一只碗里，吃多少由客人自取。客人走时，还要用双数欢团当礼品回赠。如果客人将两个鸡蛋连同欢团都吃了，主人要再给客人添加。不过，等客人走后，主家会背后不屑此人，认为他不懂规矩。

平日里，如有建房、娶亲、嫁女等喜事，都能用到欢团，取欢欢喜喜团团圆圆之意，为所有参与进来的人讨个吉兆。

欢团的制法看起来容易，其实备料比较麻烦。欢团的主料是炒米，炒米在我们这儿称为"发米"，取发财的意思。那时候，几乎每家每户都常年备着发米。制作发米的原料是糯米，得先做成糯米饭。因为用量大，又要考虑连续性和循环性，需以蒸笼蒸熟。这种蒸笼是上下一样粗或上粗下细的木桶，在木桶的中间横上一块带气孔的木板，铺上老丝瓜瓤做的圆巾，再将淘洗好的糯米放上去，盖上锅盖，将木桶坐在锅里，锅里注入清水后开始加热。水沸腾到一定时间，米饭就蒸熟了。这时得由一个男劳动力将木桶端起，反扣在团箕里，糯米饭呈圆柱形立着，几乎一粒不粘地被倒入团箕。圆巾不粘一粒饭地回到木桶里，进行下一轮地蒸饭。

这种蒸饭也称蒸发米饭，须在隆冬进行。每年我们家在蒸出第一桶饭，将丝瓜瓤圆巾揭走的时候，父母会用锅铲盛上一碗糯米饭，端到堂前的桌上，碗边放上一双筷子，口中念念有词，意思是请先祖们过来共同享用，等这碗饭凉透了再倒回团箕里。请完祖宗后，我们就可以吃了。糯米饭真好吃，软软的、糯糯的，不用菜佐着也吃得很香，不过吃到第二碗，就觉得头晕了，毕竟这不是寻常主食。

糯米饭在团箕里通过锅铲分块，在天凝地闭的气候中冻透，再将其掰开，揉成饭粒，这样的饭晶莹却不剔透，我们称之为"阴米""冻米"，做欢团的称它为"铁子"。阴米不能直接食用，需要炒制后干吃或泡着吃，还有以此为原料做成点心类的食品。做欢团就是其中之一，我们称这种炒熟的米为发米。农家的发米是常备的干粮，一般由主妇炒。炒制时，将大锅烧热了，抓一把阴米扔进锅中，拿一竹枝捆成的把子，在锅里搅得翻腾。一粒粒阴米泛白见黄时，用铁皮铲子铲出，倒入架在锅灶旁的竹栲里，这就是发米。等发米凉了，抓一把扔进嘴里，香脆香脆的，吃多了也糯糯的，却很少吃得头晕。这样的发米颜色暗黄,做出的欢团不好看,所以还得有专人以专门的工具炒制。锅烧热后,先加入淘洗干净的河沙,等河沙在锅里发烫时,铲一小铲阴米扔进锅里,用一把木质小锄头,蘸点菜籽油,推动锅里的沙和阴米。听到锅里有爆裂声,再用一比簸箕稍小的铁铲铲起,倒入锅上方吊着的内膛嵌以铁丝网的筛子里。沙漏进锅里,米倒进栲里。操持这种手艺的叫炒货匠。他们除了炒发米,还会炒花生、瓜子等。操作时,炒货匠左手拿着筛,右手铲米、翻米,整个动作行云流水,一气呵成。炒制后的发米变白了,也比阴米"胖"了很多。

等发米凉了,就可以用来做欢团了。做欢团还需糖稀,糖稀的熬制也需要一定的技术和时间,这又是一道准备工序。

熬制糖稀需煮上一大锅米饭。这饭与平时吃的没什么两样,全家人吃过后,剩下的饭里加上水和事先加工好的麦芽,盖上锅盖开始加热,等锅盖的缝隙里开始冒热气的时候,将家里的抹布打潮了,堵在漏气的地方。抹布像补丁,填塞在锅台上,整个锅台上立时有了千疮百孔的感觉。锅就这样焐了很长时间,等米饭全部发酵后,开始起锅装进布袋，滤出的米汤重新装进洗净的锅里再加热。余下的残渣则被倒进另一只缸里，这是给家里饲养的猪准备的。这次加热时，需由专人用像小船桨一样的木板不停搅拌。米汤逐渐黏稠，便舀出一些放入已淋上菜籽油的容器中贮存。这样的糖稀很嫩，是做欢团、酥糖和其他糕点必不可少的原料。

锅里的糖稀继续搅拌加热，黏稠度越来越高，当稠到一定程度时，按照先前的程序起锅，用来做成另一种食品——灌芯糖。

起锅后的糖稀经过冷却，已经结成软块。将软块中心部位直接穿在绑有楔子的高凳上，再拿起一根浸过水的木棍从楔子部位穿过，将糖块慢慢拉长成条状，等拉到一定程度时，糖条从中间弯折，形成套索套上楔子，继续拉和套。糖块就像面团一般，被拉成拉面，所不同的是拉面要分根，糖则反复合并成板状。在拉的过程中，糖色也由乌黄慢慢变白。等白到一定程度，将糖板从楔子上取下，放入一边早已备好装有米粉的栲中。此时，将加了白砂糖的芝麻粉均匀地倒在糖板中间，形成一道道黑白相间的埂。糖板的两边合拢，卷成圆柱形，再由两人合作边推边拽成长长的只有拇指粗的糖绳，再被撅断成筷子长短，放到铁皮罐子中，放一层糖洒一层米粉或发米来储存。这就是灌芯糖，也叫拉拉糖。外地人不清楚，称之麦芽糖，更有人好奇其中的芯是如何灌进去的。这种糖一般都请专人熬制，长大后的弟弟看着就学会了，我们家的糖从此都是他做。

做灌芯糖的时候，两头总有芝麻粉没撒到位的地方，就被我们截下来，重新放入锅中与先前留下的糖稀一起熬，等糖全部化开后，放入发米，均匀搅拌，整体捞起放入方框形的模具压实，拆去方框后，用刀切成小块，就成了发米糖。也有富裕人家，以炒熟的花生米或芝麻粒替代发米制作，做成的片糖，被称为花生酥、芝麻片。这些糖与灌芯糖一起，成为待客的茶点、小孩的零食。

说回搓欢团。将先起锅的糖稀拿出来放在热锅中化了，倒入一口浅口缸中，混入发米搅拌，用一铜制酒杯，揪一小撮发米在酒杯中做成圆球，放入劈开并打通竹节的竹筒中，小发米圆球积到十来个，由另一人用同样打通竹节的竹筒盖上，双手交错搓起来。搓的过程中，不时打开看看，如遇上变形或散开的就扔进米缸中回炉。这个过程叫搓筒，欢团也就此做成。在请来的专人搓欢团的时候，我们几个小孩会被大人指挥着当助手。通常我会拿着一只碗，将准备好的红纸用水泡了，将一支筷子的大头用刀破成"十"字，成梅花形，蘸一点碗里已经泛红的水，点在做好的欢团上，这道工序被称为"点胭脂"。点红的欢团可用作喜事、春节等，以示喜庆。而不点红的欢团，只用于丧事。

欢团备料难，在备料过程中，还会派生出很多附属食品，最终在制作时，工序并不复杂，只是在做发米球和搓筒的时候，显示出技术。特别在搓的时候，两根搓筒好比两根平行线在两边行走，并不交叉，却有合力。欢团实则成了搓筒之间交互的支点，这个支点也成就了欢团。备料和制作何尝不是两条平行线？生活中很多事何尝不是平行线？多条平行线的组合，成就人与事，而人就是这些平行线上的支点。

## 打土墙

我父母住的房子,正房坐北朝南,共有五间,前后都有院子。前院是混凝土地面晒场,旁边建有几间小屋,用来堆放杂物,门前以水泥砖围了一道院墙,将晒场、小屋圈在其中,通过砖混结构的院门直达村间小路。后院是我们家的菜地,也建了几小间矮房,有堆放柴火的,也有用作茅厕的,院墙则是土建的。这种土建就是传统的土夯,需要说明的是,这道土墙是我和弟弟在年少的时候,自行打制的。三十多年的光阴一闪而逝,我与弟弟已步入中年,而这道土制的围墙依然挺立着。

那个时候,父母整天忙于生计,刚及束发之年的我几乎每天都在模仿父母,恨不得做点事与他们PK一下,换取父母乃至村中年长者的称赞。我见后院与村中集体树林连成一片，便撺掇弟弟学着大人打起土墙来。这本来是个顽皮的行为，如先对父母说，他们肯定会阻止我们。即便年长我三岁的姐姐也极力反对，但她左右不了我和弟弟。于是，从外面干活回来的父亲一进家门，多嘴的姐姐立即上前告状。父亲赶紧放下手中的农具，到后院一看，我们已经打了差不多20米长了。父亲走到我们身边，我们正汗流浃背地一个在头一个在尾地忙活，根本没注意父亲的到来。等我们发现时，怯怯地停了下来，等着挨骂。没想到，父亲走上前，纠正了我们几个动作后，也参与了进来。

那时候，农村打土墙比较普遍，我们在两块板之间夯土的声音中长大，觉得不用学就会打这样的墙。不过，真正打起来时并不容易。我和弟弟打的那个土墙只是围墙，用术语形容只有三板高。每一板的高度不到半米，加上墙脚，三板高约为一米五。如果再往上打，则需要技术了。我们打围墙时，只是将一些大的鹅卵石放在墙板里做墙脚，属于那种基础不牢的墙，再加上我们在打的时候也有些歪，这种墙更不具备往高里加的基础。至今还能留下来，主要因为那堵墙本来就不高，再加上父母每年要为它加一次"衣服",也就是盖墙头。盖墙头是保养土墙的重要环节。由于墙是夯土而成,墙头如果裸露在外,经常遭受风吹雨打,墙土必会随水流掉。早年间,盖墙头用的是稻草,稻草上方以土或石块稳住,次年再加草和土,以至于土墙越堆越高,高到一定程度,只能用锹铲去,以保证土墙的牢固。这些年水稻以机械收割,稻草被拦腰截断,自然盖不了墙头了。于是,父母便用一些塑料薄膜或旧衣物等能挡水的东西铺陈在墙头,这样一来,原本色彩单调的墙头居然花花绿绿了。

打土墙最见功夫的还是建房子。更早的时候,条件艰苦,一般的人家根本建不起房,除非是自家房子连修缮都非常困难了,或者就是家里人口多了,原来的房子不够住了。在当时条件下,建一座新房何其难,但情势所迫,新房又必须建,只有因陋就简地选择土墙房子。在建土墙房子时,绝不能像我们那样,随手在墙板里放几块石头当墙脚。正式建房得请来砖匠,用坚硬的石头垒好墙脚,讲究的人家还会在墙脚上方加砌一到两层砖,被称其为"子脚",土墙就压着"子脚"向上垒。我们村有好几个健在的老人都曾经给人家打过土墙房,据他们说,建房子的土墙最好用"九四"（音）板，这种板原先是门板。我们这边有种风俗，人去世后要从床上移至门板上。这种睡过死人的门板改为打墙板就叫九四板。据说这样的墙板弹性小，打出来的墙不走形。打墙的杵是半圆锥形的，安上小木柱再加一个横杆把。也有的将粗木头握手的一头车细了，只将下部不过半尺的地方保持原样。墙板的前面叫狮子头，呈井字形的隔板穿过两块墙板连缀在一起，可能是形制有些像长了一圈鬃毛的狮子，也有可能是打土墙的两人像舞

狮子一般的配合，人们便叫其狮子头。狮子头正中间有根悬有小重物的垂直线，主要用来控制土墙垂直站立的精准度。在不打墙的时候，狮子头可以卸下，因为固定狮子头是活动的榫头，继续连在一起既有损榫头，也占地方。打墙的板是夹起来垛上墙的，墙板的尾部无挡板，在打头一板墙的时候，

有的用竹篾筐堵着墙土，也有不堵土的，只是由人控制，在无挡板的一头打出一个斜坡即可，打下一板时就直接套在头一板上。一般情况下，一板墙倒三槽土，一槽来回打两次，三槽反复打来回，即可取板。打墙由两人配合，第一个打的窝，第二个必须紧跟着原窝打下，否则，不符合质量要求。旧时的农村，打土墙的师傅较多，多数农民都会这门技术，全把式的称"院匠"师傅，哪家需要建房，筹备工作就绪后，就把"院匠"请到家里搞设计，俗称"掌作"的，也负责着整个房子的质量技术。

在乡村建土墙房子，一般都是讲究"明三暗六"，外观三间，内套隔墙成六间，房子的开间和进深都较大，这样的房子宽敞明亮。一般进深老尺二丈四以上，开间至少一丈二尺。这种土墙瓦房住着舒适，冬暖夏凉，倍受居住者喜欢。

墙体打到规定的高度后，用硬杂木制作的"门过桥"架在墙上，垛板打墙，就叫"过门"。这得选讲究的日期，择日放鞭炮，贴上对联。门的迎向方位必须定准，老辈人对此特别讲究，一直迷信一个大门管一栋房子的家运。堂屋的中线，门的歪正，直接影响到房子的迎向和家运好坏。并且，在为逝者建坟时也讲究朝向。坟被称作阴宅，阴宅所在地被称为阴基。时长日久，人们根据建房或立坟总结出"坟对凸，房对凹"的惯例。至今，我对这种做法也不得其解，可我也无法否认这种信仰。

土墙打平盘以后，歇几天板，就开始打山墙尖。打山墙尖是需要勇气的，我曾听一些打过土墙的老人说，一般的房子打到八至九板时开始起尖，也就是四至五米的高度。这样的高度，操作人员都需要站在墙上，抡起打杵往松土上夯。在夯的时候，夯到哪一边，哪一边的墙就在摇晃。听那些打过土墙的人说，要是墙打歪了，就不摇晃，摇晃了自然就符合标准。当然也有例外的，我记得有一年我们村上有一家建房，正好遇上连天雨，天气稍稍放晴，就请来帮工的打土墙，而且进度很快，结果正准备打尖墙的时候，墙倒了。主要是因为打得过快，下面的墙还没干，湿泥土承不了上面的重，自然往下泻，所幸的是，那次事故并不是墙侧倒，而是整体向下铧的，没造成伤亡事故，只是主家损失不小。像这种情况并不多见，有经验的、不赶时间的人家，总会在天气晴朗时，建造土墙房子，一直顺利地打到山墙尖。在打山墙尖的时候，也考验工匠们的技艺，技术不好的往往在木匠架上房梁后，还要适当修葺，技术好的能一次性成功。这是我们周边几个村庄的情况，我还看见过距我们村几十公里之外的一个山冲里，至今还有一幢土墙楼房。这座楼房有三层，历经百年时光，尽管现已不住人了，依然坚挺在那里。看着这样的建筑，可以想象当时的墙体打了多长时间，当时在打到第二层第三层时墙体是怎样的摇晃，摇晃的幅度有多大。

　　土墙打好后的工程与其他砖木结构的差不多，无非就是上梁后，上檩条、钉椽子，要是盖瓦的就盖上瓦，一栋崭新靓丽的土墙瓦房便完工了。稍稍讲究一些的人家，还在房子建好后，将调制好的石灰粉刷在墙的表面，不知情的人怎么也想不到白白的墙里面全部是夯土的。要是暂时没条件的，就把从河滩上割的茅草铺在椽子上，讲究一点的，会在铺好的茅草上拉上草绳子，将厚厚的茅草固定住。要是盖好了房子适时遇上一两场雨，盖上的茅草就伏贴了。茅草房冬暖夏凉，住人很是舒服，所不便的，是每隔两年就要加上一次茅草，因为常年日晒雨淋，房上的茅草渐渐风化腐烂了。家境稍好的人家，墙是夯土的，里面照旧有柱子，柱子上架梁，梁上钉椽子，椽子上盖的是瓦，其舒适的程度也不错。这样的房子相对耐久，并且等家境更好时，可在房中结构不动的情况下，将墙换成砖制的。

现在已经很少能见到土墙房子了。近几年我在调研的时候，偶尔在一些偏僻山村里看见土墙房子。这些土墙房子建好至少半个世纪了，有的还住人。不住人的房子如不经常修缮，自然就坍塌了。此外，也遇见几座体量非常大的房子，让我印象特别深的是一座七间五进的老房子。面墙非常漂亮，基础墙用砖砌就，上面还贴了花砖。这些花砖是我们这里旧时特有的装饰面砖，这种砖是用两种不同的泥土制成，砖面有花纹。烧制后过水打磨一遍，上墙后再用水打磨一遍，被称为水磨花砖，也有"千年不沾灰"的美称。这座房子每一进都是开间有七间，中堂前有天井，房间前有厢房。中堂后有照壁，照壁后一道门，通往下一进。最后一进的照壁后面还有一个很大的天井，布置得很是典雅，既像露天的茶厅，又像一个小型的花园，非常隐蔽。可就这么一座房子，山墙、后墙都是土墙结构，这勾起了我的好奇心。经多方打听得知，原来这座房子建于清代，始建者是个大财主，在后续的继承中，几度易主，也不知哪一代的主人将墙砖拆了，换成了土墙。所幸的是面墙还保持着原貌，其余的三面土墙用石灰粉刷好，一旦有了掉灰漏灰现象，立即修补好，如不细细查看，还真看不出这是土墙。

# 盐

我参加工作三十多年来，始终保持一个习惯，就是每隔一段时间都要去看望父母。离着不远是个原因，更主要的，还是与父母间割舍不掉的记忆和感情。《父母恩重难报经》中有一言"父母恩德，无量无边"，我达不到这种境界，但只要有时间还是要去一趟，陪他们聊聊天、开开心。有时候，母亲会开玩笑说，你回来又没什么用，还让我多洗几件衣服。可当我忙得无暇过去时，母亲又会打电话询问我什么时候到家。这种相互依靠的感觉真好，让我感到亲情的温暖，也能帮我回忆起很多陈年往事。

一次，在与他们闲聊时，忽然说到我一个堂侄离婚了，主要是他得了一种病，一旦发病全身乏力，连站立都困难，经医院诊断后认为是"钾分布不匀"。到处寻医无果，花了不少钱。正说的时候，堂哥找上门来。相互问候后，他有些神秘地问我有没有时间，能否去他家一趟。我当即与父母打了个招呼，尾随他出了家门。他径直把我带到房间里，将门关了，说要给我看几样东西。他走到窗口的写字桌前，从右边第三层抽屉中找出一串钥匙，挑出一把，将桌左边的小橱门打开，拿出里面杂七杂八的东西后，在橱底推了一把，原来里面还有暗格。他从暗格里摸索了一会儿，慢慢取出三样东西放在桌上。一块是玉佩，白色长方形玉佩被镂空雕了，细一看，原来是两条盘在一起的龙，缝隙中凝了灰，可能有不少年了，灰沁在玉上，指甲够不着，吹也吹不脱。第二样是一根约莫20厘米长乳白色的棍子，棍子上有小洞。我仔细一看，竟是象牙制成的微型秤杆。第三样东西让我更为震惊了，通体红色的石头上雕刻着栩栩如生的八仙过海图，看着偶有红白相间的地方露出几根形象的血丝。血丝粗看似花朵一样灿烂，细看却是触目惊心。鸡血石？这三样东西给我看，到底是什么意思？

这时，堂哥说道："小子生病了，到处求医问药，花了不少的钱。这三样东西是祖上传下来的，你常年在外，肯定有门路，帮忙给卖掉，换点钱到大城市看能不能治好这个病。"我只能答应下来，在他"不要对别人说"的反复叮嘱中离去。后来，我找到下家，准备来买时，堂哥却反悔了。他连声道歉时，也没忘记叮嘱我，叫我一定不要外传。

我是个比较能守住秘密的人，始终将堂哥的家藏埋在心底。日子过得真快，一晃就是十年时间，终于在这次与父母聊天时谈到此事。父亲说那存货一定是堂哥的长辈抢来的。我不禁有些吃惊，我的那位早已去世的堂伯居然有这等事？那他在哪儿做的呢？父亲说应该就在我们村后的那条路旁。

村后的这条路，是横贯全县的一条大路，上百年前，全县东西走向除了水路就是这条道了。这条路只有两三米的宽度，以鹅卵石铺就，中间一尺来宽嵌以大石条。大石条专为推车者减少摩擦而镶，随着一年年无数的车轮碾过，石板中间便有了一道道深深的车辙。

很久以前，我们村尽管人口不少，但可供耕种的土地更多，所以村后这条路两边的地荒了也没人管，长满了树和灌木，成了可以藏人的最佳地段。我听父亲说过，当年侵华日军沿着大路经过我们村的时候，爷爷正好在犁田。曾任过游击队交通员的他很有经验，将牛与农具扔在田里，果断钻进路边灌木丛中。结果，人没事，牛却遭了毒手。那时的牛能顶起半个家，就这么倒在了水田里。当风波过后，全家陷入困境，好几年缓不过劲。路边的灌木丛，能在危险来临时助人解困，可在正常年景，也成了藏匿罪恶的地方。据说，我的那位堂伯伙同他人，藏在路边灌木丛里，遇到形只影单的客商，毫不留情地对其下手。这些事几乎没人知道，一直等到堂伯去世。他家是白发人送黑发人，堂伯去世后，其母仍很健康，她告诫后人做事一定要走正道，否则命不长久，现身说法地将堂伯的不光彩抖搂出来。

这条路不仅见证了时代的变迁，其自身也在悄然变化。随着后期的政区分合，我们村的上级政府被换了两次，村里的很多土地被划拨到别的村。村里的土地减少了，增多的人口惦记上这条路两边的地。荒草没了，道路开始清爽起来，然而人们的良善却被越来越浓烈的贪婪占据：有的石条成了建房的基脚，有的成了垒猪圈鸡舍的填充物。在不断的蚕食中，石板路的历史感渐渐消失，成了一条狭窄的普通的土路,而往来的人们也逐渐选择了其他的途径通行。除了本村的农人偶有路过外,路上再也见不到外人了。再后来,这条路终于被疯长的杂草覆盖了。我虽没过这条路曾经的车水马龙,却见证了它的日渐荒芜。而当年夜黑风高时的拦路抢劫,是人来车往的热闹中隐藏的龌龊,好比晴空烈日下总有阴影一样,构成每一时期的社会众生态。历史的车轮一往无前,但"诸恶莫作、众善奉行、自净其意"的世间真理,不会过时。

## 钉鞋掌

现代人生活条件好了，拿穿鞋来说，每个人都有好多双鞋能选择。以前可不一样，夏天能穿得上一双塑料凉鞋好比一个贵族，冬天有一双布面胶鞋（时称"解放鞋"）也是一种奢侈。一般人长年累月只有一双布鞋，夏天一般赤脚，最多穿一双自己编织的草鞋。如果上山干活，只能穿一双以多层布缝制形似防水袜的"山袜"，山袜外加穿一双夹有布条编制的草鞋。

在所有的鞋中，我最羡慕人家穿解放鞋了，雨天防潮，天晴体面。其次就是羡慕穿着带鞋掌的布鞋，那厚厚的带着塑料的鞋底，与解放鞋一样，走在沙土路上，一走就是一个带花纹的脚印，很是好看。而我只能穿着不带鞋掌的布鞋，羞羞答答地走在他们中间，也经常引得他们自

手艺往事

夸后的嘲笑。时长日久，我被同学们挤对得连做梦都想有一双解放鞋，或者有一双打着鞋掌的布鞋。因为有了这样的鞋子，既可不被同学们笑话，又可不择路地行走。可这样的梦想总也实现不了。母亲手脚麻利，做鞋更是拿手。我的布鞋总是在尚未穿坏的时候，又有一双新布鞋出现。一双接一双的新鞋温暖了我年少的脚，也粉碎了我年少的梦，以至于我一见到打鞋掌的师傅就挪不动脚步。

经常来我们村钉鞋掌的是一位中年人，每隔一段时间，他挑着担来到我们村。他的担子一头是手摇缝纫机，另一头是只木制箱子。箱子里装了一些工具和材料，不仅给人家打鞋掌，还给人家补胶鞋。有解放鞋破了，也请这位打鞋掌的给补一下。我有一双在童年时穿的浅口胶鞋，据说是当时花了两块钱在供销社托人买的，穿了不少年。我穿不下的时候就给弟弟穿，他穿不了了就送给村里比他还小的小孩穿，直到那双胶鞋补丁摞补丁，不成了样子才被扔给这位打鞋掌的。

他一到村里，冬天选择背风朝阳的地方，夏天选在树荫下。将担子放下后，从箱子旁的绳子上取下钉鞋掌的铁鞋模墩子，又从箱子里取出铁锤，便一手铁锤一手铁墩子,沿着村子开始敲打起来,遇上村里人就打个招呼,接连走了几户后回头,放下这两件铁工具,开始从箱子里取出折叠凳,系上长围腰坐在凳子上,将需要的工具一一取出放在地上,开始补起不知何时补剩下的鞋子来。而另一边,消息在村里流传开,人们陆续从家里拿出新旧鞋子,送到他的补鞋摊前。见此,他便放下手中活,清点各家送来的鞋子,分别放好,开始了新一轮的工作。

各家送来的鞋子一般为两类:一类是布鞋,只需要钉鞋掌;一类为布面胶鞋和全胶鞋,都需要补。补鞋匠按照先来后到的方式,按户数给人家的活做完。先检查人家送来的胶鞋,找到胶鞋窟窿,拿出一把锉刀,将窟窿周围锉毛了,吹上几口气,将胶鞋碎屑吹掉,拿出胶水涂上,再从箱子里拿出备用橡胶,剪出比窟窿稍大的一块锉好涂上胶水,贴在先前处理好的位置上,将其挤压、按牢。胶鞋就这样补好了,再补布面胶鞋。布面胶鞋一般破的是鞋帮子,补鞋匠将手摇缝纫机打开,将破洞处以一块碎布垫在鞋帮内,手摇缝纫机将碎布缝堵上洞口。这台缝纫机与家用的不一样,家用缝纫机缝到转弯处要将压针脚的脚托起转动布料,而手摇缝纫机直接转动脚托便可转动

## 钉鞋掌

方向。最有意思的是他钉鞋掌了。一般人穿鞋子最废的是脚后跟,鞋掌一般都钉在脚跟处。他将鞋子套在铁鞋墩上,拿出一块破旧胶鞋,裁成与新鞋后跟差不多大小,抓一把小钉子往嘴里一放。他的嘴与别人不一样,下嘴唇比上嘴唇大,好像有篇小说中形容的"地包天"模样。他先拿出一根小铁钉固定好鞋掌与鞋子,第二根钉就从嘴唇中冒了出来,左手从嘴里取出放在鞋掌上,右手的钉锤落下,一锤就钉好,第三根铁钉又从嘴里出来了……这样的操作出神入化,引得我们以小棍子来模仿,可总也达不到他的从容。我后来见过很多钉鞋掌的人,像这样喂钉方式可能只有他一人。

或许是从这里受到启发,成年后的我买了胶水、锉刀,先从家里的破旧胶鞋开始试验,居然也能补鞋了。随着技术的提高,自行车轮胎漏气,我也能补了。如果那时给我一套工具,我肯定也能走村串户地帮人家钉鞋掌、补鞋子。这样的想法冒出来没多少年,好像很少看到有钉鞋掌的手艺人了。后来,我也不骑自行车了,胶鞋无论布面的还是全橡胶的都换成了皮鞋。布鞋倒还有一双,是母亲年轻时做的,放在进门玄关处,外出回来,脱下皮鞋换上，只在家里穿，温暖又舒适，已穿了20多年了，尽管灯芯绒鞋帮已差不多磨平，底也只剩薄薄一层，但我也没想过给这双旧鞋钉鞋掌，我的那套补鞋工具不知什么时候也不见了。

# 贩牛

牛在传统农桑时期的地位很高，一头牛能顶得上庄户人家好几个劳动力。农村集体经济时代，牛的地位依然很高，伤害牛等同于伤害人，遇到病死、老死的牛还要到公社汇报。为使牛不受或少受伤害，放牧与使用基本是指定给固定的人。一年四季，牛好像没几天松闲。春耕需要它，夏种需要它，"双抢"需要它，即便在冬天，还需要它将所有的水田耕翻一遍，利用寒冬将埋藏在地下的虫卵冻死，降低次年虫害对农作物的伤害，这也是传统农业最有效的除虫方式。于是，人们将"勤劳"等很多美好而朴素的词送给它，颂扬它的功德。牛很重要，饲养牛的成本也很高，不仅每天早晚得安排人放牧，中午、晚上还要提供饲料。无论集体还是私有经济，人哪怕少一两顿不吃

饭,也要定时喂养牛。每年冬天,万物凋敝,牛在放牧的时间里根本吃不饱,中午和晚上就得把饲料准备得更充足。即使冰天雪地,牛栏里也要长期保持有稻草,让其随时能吃到。不过宿草只能保证牛不饿,并不能保证冬季营养,所以每天还需热水浸泡纯净的棉花籽喂食,有的还佐以豆类等食物。每日早晚都要牵牛到河边饮水,细心的人干脆将牛牵到水井边,提水倒进盆里供它饮用,因为井水比河水温度高,更能保证牛的健康。

牛既是农家不可或缺的助手,也是农家最高消费者。所以,每当牛有富余时,一定要将其通过买卖或交换处理

## 贩　牛

掉。集体所有制时，由于信息闭塞，牛的交易都是邻近的生产队相互联系。近处没有需要了，就只能交给牛贩子。分田到户后，个体的农民若要买卖牛，只能依靠牛贩子了。我们这里的贩牛人好像有个固定的装扮，身背雨伞，手拿竹鞭，走村串户地与人搭腔，打听买卖牛的消息。这样的形容不仅老百姓认可，连县志里都有记载。

牛真正进入我们家，是在分田到户后。当时生产队里20多头牛，都有固定的的人负责早晚放牧。可能是年纪比较小，或是没向生产队申请过，我和弟弟没放过集体的牛。当时，正在放鸭子的我非常羡慕骑在牛背上看牛吃草的人。集体资产拆分时，我家与大伯家合一伙，通过抓阄，领回一头水牛。可自从这头牛进家门，父亲就好像没怎么开过笑脸。当时是夏天，牛的腹部、背脊的毛很是浓密。夏天长毛冬天必然褪毛，父亲说这属于不能干活且要加强护理的牛，就好比一个身体不好的人一样，既干不了重活，还时常闹点小病。果然，这头牛耕田时，慢得像小脚老太走路，挥上几鞭子催一下，走不了几步就往下跪。它干不了重活，却还特别能吃。

不过当时的我完全不关心这头牛的问题，只知道终于能与别人一样去放牛了,很是开心,结果总是一出门就忘了返家的时间,经常挨大人的训斥。特别在农忙季节,大人要求我一定不能将牛带到河滩上去放,只能牵着牛沿着一条条的田埂走,看着牛啃着田埂上的草。稍不留神,牛便将嘴伸向田埂下的庄稼。这时,只能手一紧,将缰绳拉紧。牛吃了痛,自然会听话地将头重新归位。河滩上放牛则舒服多了。一到地方,为避免缰绳拖了一地,也影响使用寿命,便将其绕在牛角上,放任牛吃草。自己却寻块干净地方补充因早起没睡透的觉。睡不着时,或躺在那里看天空云卷云舒,或到远处的地里偷挖人家花生、山芋,再用河滩上晾晒的柴火烤着吃。没了这样的自由,放牛就了无生趣了。两户人家共用一条牛,父亲也很为难,在农民、教师、会计、裁缝几个角色中转换的父亲,每天的时间都安排得很紧凑,用牛的时间也是计划着来。可一旦要用牛时,牛可能被大伯拉去干活了。父亲对此很无奈,便下决心要换一头牛。

  他与大伯商量后,请来牛贩子评估了这头牛的市场价,让大伯出了不到三分之一的估价,这头牛就与我们家没有任何关系了。在没有牛的日子里,我们家一旦需要用牛，只能花钱租用别人家的。

那时的牛紧缺，每个村的牛都是调配着使用，刚将土地拿到手的农家每两三户才能匀到一头牛。为买一头能干活的牛，父亲专门从后院菜园地里腾出一块地，花了好几个工，建了一间土墙房，上面盖了厚厚的茅草，专等牛贩子将新购的牛牵回家。委托了好几个牛贩子，花了差不多半年时间，才访到一头一岁多尚未训导的牛。这样的牛不能干活，但父亲对它充满了信心。牛到家后，他特意推掉其他事，请了两个人一起开始训牛。他们三人先用一个制成T字形的竹片将牛鼻子穿了，左边通了一根尼龙缰绳，扛着犁到一块空田里，将犁与牛用粗绳连好后，父亲与村里那个人一人一根木棒交叉压住牛的脖子，牛贩子则右手扶犁，左手抓缰绳并持竹鞭，发出"喊""偏""好"等口令。根据不同的口音，前面两人配合牛贩子的缰绳，将牛压着前进、转弯、停止。当天的温度很高，牛贩子尚未坚持两个小时就挥汗如雨，连叫吃不消了。见此，父亲只能停下休息，将牛交给我，叫我沿着田埂放牧。可等他们一离开，牛不乐意了，年幼的我怎么也拉不住缰绳，最后只能放任牛满田野地跑。我沮丧地跑回家，尚未休息几分钟

的三人,又进入了寻牛的角色中。

牛,终于训好了。这头年轻的牛果然能干,它的速度与体力都赢得使用者的称赞。牛当然不知道这些评价,只知道干活时随着大人,放牧时基本随着我。

过了些年,父亲在与一个新朋友聊天中,偶然知道这头牛原来是他家的,双方一对账,才知道牛贩子当时狠赚了一笔。父亲知道后有点气愤,他曾在这个牛贩子村里做了不少年的会计,帮了这人很多忙,还给他介绍过好几个对象,可女方嫌牛贩子好吃懒做,还爱夸夸其谈,最终都没成。母亲劝慰父亲,"牛贩子不赚钱靠什么生活,老实人也做不了贩牛这个行当",父亲才平息下来。好在这头牛真的不错,为我们家踏踏实实服务了很多年。待到我参加工作,这头牛也上了岁数,等它再次被贩走时,我们家的几亩田也租给别人种了。

# 故蜂

我们这个山区小县,素有"七山一水一分田,一分道路和庄园"之称。尽管可供耕种的土地很少,但农人的巧安排,仍将这里打理成粮仓。他们在早稻尚未成熟时,以一小块水田育上秧,早稻收获后立即将水田重新梳理一遍,栽上秧苗成晚稻。晚稻收获时,或直接在田里撒上红花草籽,或从地里移栽油菜苗。成熟的红花草就地腌沤可以肥田,油菜结籽可榨油。四时农事,安排紧凑,人忙地不闲,朴素的智慧与勤劳的投入,赢得了土地的回馈,给人们带来了丰衣足食。

每年的春寒尚未褪尽,就迎来了"春雷响,万物长"的惊蛰时分,山上的红杜鹃开始在万绿丛中露头时,农田里的红花草将蓓蕾向人们绽放。一辆辆装满木箱的货车一路驰来，分散到各个集镇上，将木箱卸下，再由农人的独轮车将木箱沿着乡村土路转运。几十只木箱集中到村里挨农田最近的一户人家门口，放蜂人出现了。他笑嘻嘻地拿出香烟递给在场所有人，人们笑呵呵地接了，一缕缕烟雾在人群中弥散开，由浓而淡。

　　箱子一只只地排列，下方的小口也打开了，一只只蜜蜂钻了出来，没人带路，直接嘤嘤嗡嗡地飞向红花草田里。姹紫嫣红处就有了蜜蜂忙碌的身影，闲下来的放蜂人也由村干部介绍到了房东家。当天傍晚，放蜂人将箱子的小口挨个关好，去房东家吃饭。这一夜，房东家很是热闹，村里爱抽烟的人都聚在这里，抽着放蜂人的免费香烟，七嘴八舌地闲聊着村里村外的趣事。夜，往深处走，人也逐渐散去。

　　次日一早，放蜂人到蜂箱旁，依次打开蜂箱小口，等小蜜蜂散去后，再逐箱打开检查，发现哪只箱子出现了第二只蜂王，便就地处理第一只。据他说一只箱中只能有一只蜂王，出现第二只就要将老的处死，或者将蜂王分开放在另一只空箱里，否则会出现蜜蜂"叛逃"的现象。就这样，放蜂人带来的空箱子在以后的时间里，被逐渐增多的

放　蜂

小蜜蜂住满。

差不多一周的时间，放蜂人看上去比较闲，时常在蜂箱边看书。接着，放蜂人会将一个个方框的蜂巢拿出来，放入一只特制的木桶中，抓住木桶上的摇把摇起来。而后，又换一批蜂巢。蜂蜜就这么摇出来了，再被集中到容器里。当晚，放蜂人找到在生产队当会计的父亲，父亲给他开了一纸证明，也换来一茶缸蜂蜜。放蜂人手持证明，便可将收获的蜂蜜卖给镇上的供销社。

在购买砂糖还要凭票的年代里，蜂蜜可能是最好的甜食和营养品了。尽管村邻可直接向放蜂人购买，但人们很少有闲钱为自己添口福。可能因父亲的蜂蜜来得比较容易，家中老人自然能先尝上一口。一来二去，爷爷上了瘾，在一次家中蜂蜜断顿后，便找放蜂人买，结果放蜂人手头也没有蜂蜜。爷爷正要失望离开，放蜂人说还有一点尚未净化的蜂蜜。他说的未净化就是蜂蜜里还有蜂蜡，传说这种蜂蜜吃了会导致耳聋。爷爷心急，便说蜂蜜是万药之王，吃了只有好处没有坏处，再说反正自己已经耳朵聋了，也无所谓干不干净。结果，爷爷的耳朵更聋了。

放蜂人最忙碌是在油菜花盛开的时节，油菜花将整个大地装扮成黄色。在这"遍地都是黄金甲"的季节里,油菜地和蜂箱之间飞舞着密密麻麻的小蜜蜂,它们嘤嘤嗡嗡地往来穿梭,放蜂人整天忙于摇蜂蜜,少有时间看书与闲逛了。即便入夜,也难得有时间陪着村邻抽烟闲聊了。

　　油菜花谢了,住在各村的放蜂人就逐渐回撤了。一如来的时候,由村里配合,安排人推着独轮车,将一箱箱蜜蜂运送至集镇,装上早已联系好的货车,放蜂人与他们的蜂箱一道远去了。

# 放簰

我们县里有两条大河,一条为东西走向,另一条为南北走向,在县城交集合并,再由西向东穿过三个市县后汇入长江。这两条河从起源地到汇入长江,绵延几百公里,在公路运输极其落后的年代,所有物资出入基本依靠水路。水路运输的货物中,除宣纸、茶叶、木炭等易潮物品只能船运外,其余都靠竹簰水运。

竹簰以毛竹制作,为最大限度地承载物资,需将毛竹上的竹青刮去,以火烤的方式去除竹中水分,再将竹梢部分扳弯。多根加工的毛竹组合后,形成一头平一头翘的形态,平头部分称簰尾或簰屁股,翘头部分称簰头,单条簰行走时,簰头朝前。由于整张簰为乌黑色,我们当地也称这种竹簰为"乌簰"。山区河道有宽有窄,乌簰也有宽有窄。最宽的由十五根毛竹组成,一般用来运货;最窄的有五根毛竹,一般用来摆渡。

竹簰自然需要人来驾驭,对这类人我们本地称为放簰的。放簰的人很多,一般山区成年男人经过历练后都能从事。竹簰运输的大多是木材、薪柴等一些不怕淋水的货物,需要将其在簰上堆放好,用绳子或卡钉固定稳妥后才能运送。少量的货物由一条簰承担,货多了则将两条簰尾部连接。放簰都是顺流而下,头尾各有一人以镶有铁头的竹篙控制方向。前方由经验丰富的放簰人掌控方向,后方是辅助掌舵者。山区河道窄而弯,最窄处仅容三五条空簰通过,凡遇弯道,极易发生险情。一般右转弯时,掌舵者的竹篙要择机点在左方河道上,配合者要及时点在右边,才能将长长的竹簰顺直。左弯道时,所有动作全部相反。

常在河边走,难免会湿鞋。山里的放簰人水性都很好,对河道很熟,但也会发生来不及拐弯的事,轻微的可纠正,严重的只能弃簰逃生。我们村曾有一人在山里偷砍了不少木材,装好一张簰后,只能自己撑着竹篙往下游顺。没想到,在路过一个急转弯时,竹篙没得力,竹簰顶头冲向山崖,幸亏他反应快,跃身抓住山崖上的一棵小树，才保住了自己的一条命。等他步行翻山越岭到缓水区时，已有人将他的簰控制了。山里人对放簰的生活充满了敬畏，当家中有人上簰远行时，家人都暗地祷告，求菩萨保佑一路平安。这样的敬畏也体现在他们的生活细节中，比如在吃饭时，总是将两只筷子理齐，规规矩矩地放在饭碗正中间，表示平平稳稳；因"伞"与"散"谐音，无论何时都称雨伞为"雨盖"，以期放簰时，簰及簰上的货物不散架。也因避讳，放簰人称这种散架为"放鸭子"。

当货物被运送到目的地后，放簰人大多会组团返回。他们在卸货的地方边采购日常所需的用品，边等着后面的放簰人。人聚集得差不多了，便将三五张或更多的空簰连接在一起，让一两个年纪偏大或气力小的人在簰上用竹篙掌握方向，避开水浅或暗石多的地方，防止簰搁浅，剩余的人每人拿出一根长绳子绑在簰上，做上一个套，套在自己身上，变成了一众纤夫。这些人或单衣单衫或光着脊梁，肩拉纤绳，低头弯腰地沿着河岸脚蹬岸边的土地，将竹簰群迎着逆流的河水往前拉。遇上险滩，就齐声高歌："嘿嘿，齐用劲嘿嘿；滩头算个鸟呀嘿嘿，我能歇歇脚哇；浪头算个屁呀嘿嘿，看我啦（们）往前走啰嗬……"

遇上河岸边洗衣服的姑娘少妇,他们又唱:"嘿嘿,你洗衣呀嘿嘿,我拉索呀嘿嘿;你的腰呀嘿嘿,真好看呀嘿嘿……"唱得洗衣少妇连骂:"你个山乌龟,要骚家去骚!"见她们搭腔,簰夫们哈哈大笑。簰夫们在共同协作与嬉闹中前行,丝毫不见那幅著名油画《伏尔加河上的纤夫》中的凄苦。

因南北走向的那条河从我们村边流过,我们会经常看见成队的簰顺流而下,也常见成群的簰夫们往上游拉空簰。

随着公路运输的逐渐发达,我们村上游建起一座大坝,坝下有水闸,调控河水;坝上通公路,连着河的两岸。因这座大坝的出现,这条水路运输便逐步中断了。近些年,人们回归自然的热情高涨,大坝上游开辟了竹簰漂流的旅游项目,曾经的放簰人转成景区内工作人员。山里沿着河道开辟了公路,游客乘竹簰漂流后,转道景区内专用大巴返程,竹簰也被货车运回起点。更换了承载物的竹簰以毛竹直接制成,不再刮青烧烤,连名称也换成了全国通用的"竹筏"。

# 放鸭

放鸭子本不是一个职业,也不是一个手艺。在很多年前,水源充裕的农村几乎每家每户都养鸭,数量多寡不定,都是放养,吃的都是杂粮、鱼虫,成熟以后基本都成为各家餐桌上待客或节庆的佳肴。

多少年前,我们这儿有集体开办的孵坊,主要出售幼鸡、幼鸭、幼鹅给附近村民,村民家有了鸡鸭鹅蛋也可出售给孵坊,换些零钱供平时贴补家用。村民最多孵一点幼鸡自养,其他都在孵坊购买。我家也是。每年开春,父亲会到孵坊买回十只幼鸭。家里姐弟三人,姐姐要帮母亲做家务,弟弟的耐心可能没我好,养鸭的责任自然落在了我身上。其实我的耐心也一般,每年将鸭子养成熟时总会少上那么一只两只。

我是在虚岁七岁时开始正式放鸭子的。第一次将鸭子赶出门时,父亲叮嘱我不能将鸭子放在稻田里,只能让它们在水沟里觅食。水沟里有小鱼小虾、昆虫浮萍,鸭子进去后,在吸食中不断发出声响。我们村在阡陌密布中有很多水沟,这里成了放鸭人早晚活动的主要场所。然而,鸭子总不那么听话,当水沟变窄、变浅了的时候,它们会毫不客气地翻过田埂冲进田里。田里的稻秧新插下去没几天,可能是松软的稻田分外引鸭注意。秧苗嫩,鸭子进去会对新栽的尚未生根的秧苗产生影响。我想起父亲的话,立即赤脚下田去赶。没想到,我到东,鸭向西,鞭子又不够长,好容易将鸭子赶回水沟,稻田里的秧已漂浮起来不少。这事立即被生产队队长知道了,队长找了父亲。父亲训斥了我一顿,立即赶到那块田里,将漂浮起的秧苗顺归了位。

那一次放鸭后,我决定要换一根鞭子。我家屋后就有一片竹林,我砍了一根细长的竹子,将竹杈剔除后,用刀子将竹棍的每一个竹节都修了,手摸在上面,有一种润润的感觉。新竹竿在手,鸭子果然听话多了。可没多久,一个偶然又扰乱了秩序。那天,鸭子听话地在水沟里觅食,

## 放　鸭

草丛中突然窜出一只野兔，惊扰了鸭子的平静，它们又漫无目的地窜进田里，我的鞭子自然不起作用了。我下了田，它们还是不听我的使唤，愤怒的我也影响了鞭子的情绪，无情地落在一只鸭子身上。那只鸭子并没像我想象的那样挣扎而起，而是在那里抽搐起来。好容易将鸭子重新赶回水沟，那只受伤的鸭子再也没了动静。死了一只鸭子可不是小事，我怏怏地赶鸭子回家时，手里还提着那只死鸭。将鸭子关进笼里后，我将经过向母亲说了。母亲也没说什么，只说道，你这孩子，脾气就像你爸。

再一次发生鸭子混乱时，又一只鸭子受伤了，它走几步倒地，抽几下，再走还是倒地。我将那只鸭子带回家，也不知从哪儿学到一招，将我们洗脚的木盆倒扣在天井里，将受伤的鸭子放在盆底，晃动着木盆，鸭子在木盆的震动下居然好了。

鸭子一天天长大，也越来越不听话了。在一个黄昏的盛怒中，另一只鸭子又死于我手。我终于没能逃得过父亲的惩罚，在挨了几鞭子后，被罚跪了。这一次处罚后，我学会用假话掩饰自己的错误。不过，这样并不能逃避责罚。

当鸭子的翅膀开始长粗毛的时候,这些鸭子就在天蒙蒙亮时由下河洗衣服的母亲直接赶到河里,与村里其他人家放在河里的鸭子会合。傍晚,由我在河边等着,上岸的鸭子被我认领后赶回家。过了一段时间,早晨赶鸭到河里的任务又落在我身上。临行前,母亲叮嘱我要将鸭子赶到上游什么位置,否则鸭子会就近到田里,又引起其他麻烦。没想到鸭子到了河里也不听话,我在河的西岸,它们就游到东边。它们没到指定的位置怎么行?见河水不深,我就卷起裤腿,拄着那根放鸭棍,蹚了过去,终于将鸭子赶到位了,这才满意地又拄着那根放鸭棍过河。没想到,河水却比先前流得急了,在一个立脚未稳中,我摔倒了,湍急的河水毫不留情地将我冲走。也不知喝了多少口水后,我才在水流相对平缓的地方立起身来。故事里常说,溺水的人要肚子朝下顶在尖石上将水排出来,否则会出事的。我依法做了,将肚子顶疼了,也不见自己吐出水来,为了表示有成果,倒是憋了几口痰啐了出去。

到家后,母亲一把拉住一身湿又躲闪着的我,少不更事的我将经过轻描淡写地说了,怕她责怪,还有意将我落水的责任推到河里晃动的石头上。她将我搂在怀里,拍着

## 放鸭

我的背,说:"鸭子不听话就不要了!"然后拿出干衣服给我换上。当晚,母亲等我躺在床上后,拿出我的一件旧衣服和一把大扫帚,从门外很远的地方开始,将衣服搭在扫帚上,拖着扫帚边走边叫着我的名字"×××,回家啰——"一直到我床前,将衣服往我身上一披,搞得我莫名其妙。后来我才知道这叫"喊魂",她是怕我被河水冲走时,将魂魄丢在那里了。有意思的是,那天我没到河边去接,鸭子却一只不少地自己回家了。

虽然有了这么一次遇险的经历,赶鸭仍是我的任务,重新到竹林里砍了一根竹子的我依旧每天早起将鸭子赶出门。鸭子见了河水还是不听话,所不同的是我再也不敢轻易下河了,而是选择了河岸边的细石块,挑一些称手的扔向鸭群,受到惊吓的鸭子自然听话得多。只是距离远了,我就难以控制了,只能随着鸭群不断移向上游。一次,在地上捡石头时,见到一条半死不活的小鱼,它躺在潮湿的石头缝隙里,鳃部因缺水不时地一张一合。我没太在意。当我走了一段路,再次弯腰时,又见到一条鱼。我不禁有些惊喜,这些小鱼带回家,晚上等鸭子回家后也可喂食。于是,也不再关注河里的鸭子了,而是在河岸边寻一柳树,撅下一根柳枝条,学着那些比我稍大、常在河里捕鱼的孩子,将柳条的外皮剥下一截裹住,双手紧勒住裹的部分,用脚踩住脱皮的柳枝头,使出了吃奶的力气,把脱下的皮与叶子捋到柳枝的梢部。而后,在河滩上摸起鱼来,每捡到一条,就用柳条从鱼鳃穿过鱼嘴。没想到,一早晨的工夫,我居然收获了两大串鱼。当我带着胜利成果回家时,自然惊了一路的目光。原来是上游的大坝头一天晚上放闸,次日清晨关闸时,将游到浅水区的鱼留在了河滩上,被我捡了个便宜。

就在鸭子成熟的时候,下了一场连天雨。终于,一天下午,河里发大水了。河水齐了岸,也变了色,不时带着连根拔起的树咆哮着往下冲。我最关心的还是鸭子,但望着那么大的水,别说我不敢去找,就连成年人也不敢。发大水的第二天,雨住了。再过一天,水逐渐退了。奇怪的是,三天没见面的鸭子依旧在黄昏时返家了。次日一早,我又赶鸭子到河里。在走过一片树林时,看见一颗颗鸭蛋散落在树桩下的草丛里。我高兴坏了,忙捡起鸭蛋来。口袋装不下了,就脱下裤子,将裤腿用草扎紧形成口袋,将鸭蛋往里放,直至放满。我回家时,将满满当当的裤子架在肩上，骄傲得像一个得胜归来的将军。进村后，同年的小孩都望着我笑，我这才意识到自己是光着屁股的。那时候的小孩都不穿内裤，直接在腿上套着长裤。我顿时羞红了脸，成就感顿时消失殆尽，可又不舍得将鸭蛋丢下，只有埋着头急匆匆地赶回家。当晚，我家的餐桌上有了煎鸭蛋。那顿饭好像也是我少年时期最香的一顿。

多少年后，我在堂姐夫家聊到这段经历时，比我大差不多20岁的堂姐夫笑了。原来他也是放鸭的，只是他的放鸭经历更为特殊。

堂姐夫是外乡人，他的老家距我们村有100多公里。堂姐夫父母原来一直不能生育，便收养了一个女儿，却在女儿出阁的第三年生下了堂姐夫。堂姐夫的父母老来得子，倾尽穷家所有，呵护他成长。不巧的是赶上了饥荒，在他九岁那年，父母为了省一口粮食给他吃，先后饿死。姐姐家在邻村，已有两个孩子的姐夫家也穷得不得了，姐姐能接济他，却无法养活他。他就这么在饥一顿饱一顿中过了几年，直到村里来了一个放鸭子的。放鸭人拖家带口有五口人，他家孩子比堂姐夫小。他放养的鸭子很多，少则几百，多则上千，需要雇人照看鸭子，堂姐夫便随他过了。就这样,堂姐夫跟着一群放鸭人流浪到了我们这儿。遇到我本家大伯只有一个独女,由养鸭人介绍,入赘到大伯家,与堂姐结了婚,有了现在一大家人。在家境稍有好转时,堂姐夫依靠年少时的记忆,寻了多少年,方找到姐姐。那种久别重逢的感受,一想起就能让人唏嘘不已。而那个领头人逐渐放弃了放鸭,进了一个村里的孵坊,全家慢慢都在村里落了户。

# 风月

　　本来这篇文章的题目叫《妓女》，可当写下这个题目的时候，我觉得这个词又难以诠释我要记录的故事。于是，题目便改成了《风月》。几欲动笔，又中途夭折，想放弃时，偶见一份光绪二十一年九月十六日的《新闻报》。这张报纸经过百年的岁月侵蚀，不仅颜色泛黄，且脆弱得难以上手，部分边缘与折叠处已碳化成黑色，我只能在允许的条件下看内容。头版全然不似后期的报纸，除了显目的标题，政治色彩也特别浓。一篇《论妓债不合官追》的文章吸引了我，通读这篇半文半白的文字后才明白，妇女都是迫于无奈才当妓女，比孤寡更为可怜，凡是债务缠身而沦为妓女的，债权人一律不得追要，官府也不会支持债权人的。

看到这篇文章,我知道自己该怎么开头了。

我刚刚成年就参加了工作,与时下的同龄人无法相比,可能是由于当时的生活过于沉重吧。我参加工作时,就在宣纸行业中摸爬滚打。直至今天,宣纸生产依然对环境要求很高,特别是对水的要求更高。生产用水必须是源头水,所以宣纸企业必须定址在山区,形成与世隔绝的独立工矿区。在独立工矿区工作,下班后的业余生活很是单调,平淡得像一杯白开水。那时电视机都很少见,无聊时,只能到同事家串门。几人坐在一起,开始东扯葫芦西拉瓢。一次闲聊中,有人提出了打麻将的建议。我当时不会玩这个,只能窘窘地推辞,可是三缺一,我不上就玩不起来,于是同事对我临时培训起来。

同事边向我讲解麻将的要领,边在路灯下支好桌子,将麻将牌往桌上一倒,就开始理起牌来。正式玩牌了,才发现临时所学的那点麻将知识根本不够用。这时,一位老太太走了过来,她主动提出教我。由于我们当时玩这个纯属消磨时间,不带任何赌资,也无所谓输赢,有人教自然会加快进度,大家也乐意。这位看上去毫不起眼的老太太居然起到了关键作用。打过麻将的人都知道,每人先取回

13张自己的牌，按同一种花色配上顺子或对子。其中还要判断什么牌容易上，什么牌不容易上。我的13张牌在陆续取回时，老太太也轮流摸一遍，边摸边吩咐我如何依次码好，其他三人每出一张只要报牌，由她判断是"碰"还是"吃"，不吃不碰时就取牌。每张牌取回交由老太太摸一下，至于留什么牌打什么牌，全由老太太说了算。就这样，我居然稀里糊涂地赢了好几把。她在路灯下什么也看不见，全凭手摸心计，居然能知晓整个牌局。我不禁对这位老太太肃然起敬。

平时上班比较忙，也少有空闲，即便有人想起来打麻将，也不会叫我这个生手，再加上那天玩牌的地方比较偏僻。在很长一段时间里，没人再次约我打麻将，我也逐渐忘了那个偏隅之地。偶有一天，我被领导指派到那边干活，在路过一间房子时，听到了一声修饰了的叹息。随即，就有咿咿呀呀的唱词似一阵柳絮飘过，飘得我从内往外地舒坦起来。这段没有伴奏的唱腔，语音模糊，我似懂非懂，欲走还留，一时间竟然忘了来时的任务。这绝非收音机里传来的音乐，我忍不住想探个究竟。走到那户门前一看，原来是那天教我打麻将的老太太正边择菜边哼唱。

她居然还会唱！可能是听到响动，老太太问是谁在门外，我赶忙应了一声。她立即就说："是小黄呀！"时间过去那么多天，她居然还能记得我。我说："是你的歌声将我引过来的，这么好听。"她说："这是个小调调。""哪里的？我怎么一句也听不懂。""扬州的。"没想到这位貌不惊人的老太太还会唱扬州小调。

这位老太太激起了我的好奇心。一有时间，我就打听。原来这位老太太的老家就在扬州，她从小被卖给当地一家青楼，在青楼中生活了好多年后迎来了新中国的诞生。在重新接受改造培训后，走向了社会，巧遇出差到扬州的中年丧妻的现任丈夫，就随了他到皖南落户。见过她年轻时模样的人都说她长得漂亮。我却不怎么认同这个观点，因为我见到她就是鸡皮鹤首、弯腰驼背的样子，还操着一口的艰涩难懂的外地口音。当时的人们称她漂亮，估计她穿着打扮得比一般人得体，加上她从小就受青楼环境的影响，待人接物与众不同，自然引人亲近。当她移居到皖南时，曾经的风华与青春已经不再，曾经的往事已离她远去，也许是个性使然，也许是青春时的记忆过于深刻，寂寞无奈时，小调便于潜意识中自然流淌出来。

## 风　月

可能与年轻时从事的职业有关，她不能生育，但她对丈夫的儿子视为己出，显示出一个良家妇女的品行。后来我又听说，她来到皖南时已近中年，因其出身特殊，常引来追花逐粉者的骚扰。尽管她曾在青楼以卖笑为生，却绝非本性。某位领导引诱几次不成后，设计将她做采购员的丈夫调到厂里最苦、最累的车间干活。好在丈夫一直对她很好，最后，在丈夫的呵护下，她平平静静地走完一生。她走在丈夫前面，驾鹤仙游的那天，据说送行的人还不少。

这是一个人的故事，也是一个时代的故事。在那个时代，类似的故事可能还有很多。只是随着岁月的流逝，我辈难以知晓而已。不过有一点我是清楚的，她们中更多的人沦落青楼是源于生活的无奈，是非常时期的社会所造成的。

我见到的这位老太太就是这样。我们村还有一位老太太，她走的路相似，结局截然不同。我记得小时候，见她无论对谁都带着一种卑贱的笑。卑得让人生疑，贱得让人心虚，更令年少的我心生恐惧。随着外出求学、工作，阅历渐广的我，见过各种各样的人，却再未见过那样的表情。

一年冬月，放假后的我回家等待新年的钟声敲响，到我家串门的人在闲聊时说她不行了，活得真叫难受。我禁不住打听,原来这位老太太旧病复发,躺在床上不能动,身上烂得恶臭,两男三女及孙子、孙女若干,却无人理会她,更别说有人照顾了。我记得,她最小的女儿比我稍大,我小时候曾追随高年级学生一道去村外的学校上学,她曾经也是我追随的对象之一。听到她母亲的境遇,没想到虐待老人的现象就发生在身边,心中升腾起别样的感受。

这位老太太是个童养媳,很小的时候就嫁到我们村,先是帮着公婆照顾比自己小好几岁的丈夫。稍稍年长时,负责接送丈夫上学后料理家务,稍有不逊就遭到公婆的打骂。丈夫弃学后在外学徒,她承担送生活用资到师傅家,成了连接自家与师傅家的一根线。丈夫成人后圆房,在生下三个小孩的岁月里,公婆相继在大病中离世,家中的生活愈发艰难了。终于有一天,操持着木匠手艺的丈夫外出谋生,消失在村邻的视线里。这一走,就是多年的杳无音讯,将困难家庭的重担丢给一个妇女。她带着三个未成年的小孩,整天迈着解放脚[1],东家讨要一顿米,西家央人帮

---

[1] 解放脚:古代女性从小将脚缠成"三寸金莲"。新文化运动后,逐步淘汰这一陋习,部分偏远的乡村,则一直将此陋习保持到1949年前后。幼时缠足,后来放开,但脚已变形,这种"半裹脚"被称为解放脚。

忙，真想不到办法了，就求到娘家。可娘家也是个穷家，否则怎会将小孩送出门当童养媳？亲戚和村里人，人见人躲，人见人嫌。在宗族文化浓厚的那个年代，尽管有生产队、大队、公社等政府领导，却也难以对宗族势力产生绝对的压制，欺负孤寡的现象时有发生。尤其是本家本族人，恨不得将其赶走，霸占她家少得可怜的房产与宅基地。在她走投无路时，村里的一些老光棍上门了，她半推半就地与一个年龄相仿的光棍开始了数年的来往。世上哪有不透风的墙，在又一次遭受同宗欺凌不得已反击后，个中无奈被这位同宗当作反击的武器夹枪带棒地骂了出来。最后一点遮羞布被人揭开，她索性遂了村里其他光棍的愿。后来，外村的光棍或贪色的人也找上门来。于是，她再也没有为家里的吃穿用度发愁了，再也没有人欺凌她了。就这么维持了几年，最小的女孩也来到了这个世上。又过了不知多少年，一文不名的丈夫突然出现在村里，见到他离家后多出来的子女，将妻子暴打一顿后赶到专门堆放柴火的茅草屋里另起炉灶。奇怪的是，这位妻子居然在丈夫毫无征兆地消失，又毫不提防地从天而降，返家后的疯狂施虐中没有一丝抗拒。更奇怪的是，子女们反而更多地与消失多年的父亲生活在一起，嫌弃甚至厌恶曾经为他们付尽心血与受尽屈辱的母亲。这位在当时艰难的环境下，孤身一人拖儿带女含辛茹苦生活多年的母亲，在子女成人可享天伦之时，却遭到降入冰点的人世际遇，最终在这个即将迎来新年的最后一天夜里，怅然离世。作为木匠的丈夫杳无音信地消失多年，又囊空如洗地回家，坦然接受比离开时还殷实的家和孝顺的子女。其中的疑惑，又有几人能解。

多年以后，我因工作关系常到省城出差，在一个部门遇到一位业务能力很强、态度也很不错的办事员，时长日久便成了朋友。在闲聊中，自然谈及各自的家乡。他说，从另一个角度来说，我们应该是老乡。他说起他当木匠的父亲来到家乡，厌倦了游村串户地流浪，入赘他家，与其母生养了他们兄弟姐妹几个，还承担了赡养多病的岳父母，竭尽了为人子为人父的责任与义务。没想到却在运动来临时，因到处揽活被列为"资本主义尾巴"，受尽了冷落与屈辱后投河自尽，结果尸骨无存。根据他的长相及描述，我想起了村里的老木匠。结果，在我的联络下，分别多年的父子在一片唏嘘中团聚。

我不知道自己做了一件什么事！

# 糕点

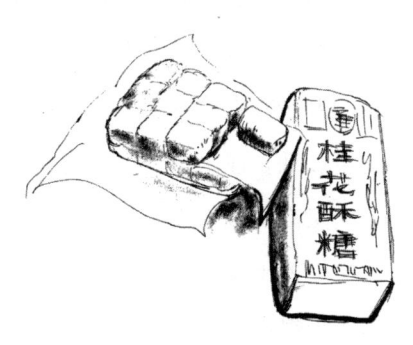

旧时的农村为表达对人尊重,经常用糕饼的多少来衡量重视程度。比如,上门拜访一个人,要提上几样糕点;互相发生冲突,失败或示弱的一方,也要提上几样糕点见对方。同样,也会以多样糕点装点果盘或分装多个碟子待客,以示隆重程度。糕点,成了联络并升华人们感情的重要纽带。糕点的品类很多,传统的类别通常是万字糕、酥糖、花生糕、芝麻糕、柿饼、精枣、京城糕等,我们当地称三种以上的糕组合为"三尺头的糕"。如果是结新亲,三尺头的糕是必备的。过春节时,重要的亲戚也需要有这样的礼数。而受礼方肯定要回礼,回礼的首要一条就是将送来的那条万字糕回了,再配备其他回复的礼糕,并且不得与送上门的重样,即便有重样的,包装也一定要有区分,否则显得对客不尊重。就在这样的礼尚往来中,人们的智慧就显示出来了。我听我父亲说,在更早的时候,穷人家饭都吃不饱,备礼更困难,只有将那条反正要回的万字糕直接以同样大小的木头制成,外面包上万字糕的包装纸。往来中,包装纸有了磨损,便以新的包装更换。大家都认同木头糕的做法,看到也不点破。也有更穷的人家,连木头糕也置不起,便租借他人的。当然,这种租金也少得可怜,最多以几个欢团或饼子就能打发。

糕,在我们的生活中如此重要,自然要有糕饼店。只是当时交通不便,再加上经济不活络,上糕饼店的机会很少,乡俗中又少不了糕点为人与人之间相处增色,于是各家将平时省吃俭用的精粮拿出来,请人制作糕点,这样的技术活,自然少不了要请糕点匠人了。

农家一般会在每年岁尾,将糕点匠请进门,做上一两天的活。所以,糕点匠从主家做糕的多少或品种上就能断定,这户人家是亲戚多,还是人缘广。对于做糕品种、数量都多的人家,糕点匠往往会高看一等。在请糕点匠之前,

# 糕　点

各家都要做好准备工作，备好稀糖、面粉、芝麻粉、桂花糯、白糖等原料。

糕点匠在我们村被称为"糕饼师傅"。这些师傅都是由一些清清爽爽的人担任，他们身上干净整洁，工作时可以随身携带衣服和工具，但是制作糕点的案板只能就地解决了。糕点是直接入口的精粮，对案板的要求自然也高，不仅要干净，而且还要平整。当然，干净的程度不是师傅而定，而是取决于主家的主妇。这户人家的主妇如果做家务又快又好又讲究，自然不需糕点师傅的指点。如遇到一户人家的主妇，做家务既慢又不讲究时，糕点师傅最多自己重来，或者点拨一下，叫那家男主人到村中某某家借上一块案板。听了这话，主家自然会警醒一些，在今后的侍弄家务中注意行事了。

做糕点是件细活，他们在做酥糖的时候，将加工后的面粉在案板上排成长方形，中间凹上一个槽子，倒上适量的稀糖，而后再叠成长条方块，其中也要辅助使用一些工具。方块叠好后，又要压扁，再叠方块。最后形成等高为两厘米，长度不限的长方块。若干个长条方块放在一起，糕点师傅就开始用刀切。切后的方块被推倒，排列后整齐得像一块板。等所有的方块都切完后，再进行包装，整个过程叫"折酥糖"。在我小时候，就看到最后包装时，使用的是竹纸，我们当地称"三六表"或"表芯纸"。这种纸在我国大部分竹子产区都生产，也称"火纸"。这种纸除了用作包装纸之外，在民间祭祀时当作冥币，焚烧给死人或神灵。

我小时候，就盼望家中请匠人，请来了匠人可以改善家中的伙食，最主要的是能吃到肉。因为我们家总是将好吃的东西留着，等来了客人或请了匠人时，专门用来招待他们。每当这个时候，我多少也能沾到光。这既是普通人家勤俭持家的本色，也是好客的一种做法。在所有的客人中，我最喜欢的就是糕点匠了。除了能吃到好菜外，还能在糕点师傅的旁边，蹭上一些糕点残渣。

现在想来，当时好像没有什么卫生要求，糕点师来了直接上场做，家中的案板即便洗得干净，却没有消过毒。还有包装用的竹纸，也并不干净。我去过不少制作竹纸的现场，除了脏，还有很浓的异味，在浙江某个地方还用人的粪尿腌沤竹料。在那样的环境下，使用不太讲究的工具和包装，做出来的酥糖居然吃不坏人，也许真应了那句老话——"不干不净,吃了没病"。

现在,各类经营方式的场所多了,也出现了越来越多包装精美的糕点,人们也不再吝惜买糕点的零钱,就不再有人请糕点师傅了。

# 畫匠

　　一次在朋友家玩，他家客厅里挂的一幅画像引起了我的注意。这张画于 20 世纪 50 年代的全家福，祖孙三代七口人，老人蓄有胡子，最小的尚在襁褓，每一个人物都描绘得纤毫毕现，惟妙惟肖。六十多年过去了，这张画像除了纸有些泛黄外，像中的每一根线条都依然清晰，人物依然传神。我连夸这幅像画得好！朋友的父亲说，画这张像的时候他才十几岁，印象中画像师傅是一位五十岁左右的人，那人其貌不扬，特点就是长了一只酒糟鼻。他还记得那人画像的速度很快，差不多半小时就画完了。

　　这本是日常生活中的插曲，我没当回事，直到一天，父亲说家里中堂最好能挂一幅山水画，问我有没有合适的给他送一幅。这些年，我倒是收藏了一些画，却很少有大幅的，便央求本县一位画家给我画了一幅四尺整张的山水，找人托裱装框后送回家。父亲看了很高兴，连称这幅画画得不错。我对父亲说，这位画家有家学渊源，他父亲就是一位画匠。而后我疑惑地问父亲，那时候的画匠能养家糊口吗？父亲说，那怎么不行，他们吃香得很。接着，便回忆起一段画匠往事。

在照相机尚未普及的年代，人们为留下纪念影像，需要依靠人力来完成。这种白描画像的方式类似于素描写生，所有的线条都是实的，能让人直观地看到当时的面貌。承担这些工作的人就是画匠，尽管很多的画匠并不识字，但他们凭着对物体的复制功能，就能完整地记录。他们不仅承担着平常百姓的影像记述工作，还给人们追求完美增光添彩。比如，谁家建房、起灶，遇上不会画画的砖匠，就需要画匠上马了。人们自古追求的是"良善"文化，为沿袭"诸恶莫作、众善奉行、自净其意"的优秀传统，尤其在太平年景，各地都时兴建寺庙、道观，以此来鞭策自己，不断地对自己进行内证、梳理、修正。为了美化这些寺观，需要画匠。除此之外，还有很多的民俗画、年画等，也离不开画匠。

父亲介绍画匠时，无意中提到了"红鼻子"。他说这个"红鼻子"不知从什么地方来的，也不知叫什么，绰号的由来是因他长了一只酒糟鼻。"红鼻子"的出现，颠覆了我们当地对画匠的理解与看法。我们当地的画匠被人请上门后，会让人长时间固定造型。"红鼻子"则不一样，他只是要求被画的对象固定好造型，三两下就勾出人的轮廓。接着，这些对象只要在他的视线范围内活动就可以了，前后不过半小时，他的画像就完成了。他的画像都充满了灵动感，正如我朋友家挂的那幅一样。

这个"红鼻子"给人画像收费不高，如果没钱给，管上一两顿饭也行。如果画到谁家天色已晚，便就地在人家借宿。为报答主人提供住宿，他会免费为其多画上几幅。从家里的装饰，到绣花的画坯，指到哪儿画到哪儿。一时间，他将当地的画匠搞得没了市场。

可没想到的是，这么一位不求过多报酬的画匠，居然是个逃犯，他的画暴露了行踪。一个月黑风高的夜里，村里将所有的青壮年集中，赶往十公里外的大山里抓"红鼻子"。父亲也参加了由本村人组成的小分队，被分派搜寻一个山洼。在搜山中，村里的保管员看见前方一个黑乎乎的人影,他不声不响地摸上前,一把抱住,就地一摁,没想到摁倒的是一只装满的粪桶。山民们在山上开荒种菜,习惯将大粪囤入菜园地旁挖好的粪坑。遇上连续晴天,就将装满的粪桶放在山上,择时给蔬菜施肥,没想到让保管员当作"红鼻子"给扳倒了。

那一夜,父亲这支小分队除了保管员被粪水浇了一身的这个插曲外,别无所获。又过了些日子,他们风闻"红鼻子"被抓获了。多少年后,人们依然对"红鼻子"充满了想象和猜测。

# 货郎担

孩提在农村,除了过年之外,还有几件事是比较令我们兴奋的,其中就有货郎担进村。我们当地叫货郎担为"拨浪鼓",因为货郎担来的时候,摇着拨浪鼓,那种"咚,咚,咚,咚咚咚——"的声音立即能将人的心勾起来。

实际上拨浪鼓敲打着到了我们村,并不能给我们带来什么。首先是那时家长根本不会给零花钱,即便牙膏用完了,剩下牙膏皮也会被家长与鸡胗皮、鸡鸭毛、破鞋子积在一起,找货郎换成别的用具,我们跟着,无非凑热闹而已。我跟在后面的另一原因,是有一次我正巧遇到一位本家婶婶在买针头线脑时,顺便给我买了一个水果糖。这个水果糖真甜,那黑黑硬硬的糖块噙在嘴里,嘴里就不断

# 货郎担

地冒甜水,甚至糖嗒完后,那香甜味还在我嘴里继续弥漫,香甜了我好多年。后来每次遇到货郎担来了我就跟着,幻想再来上一次巧遇,让我平时寡淡无味的嘴里多上一颗香香甜甜的水果糖。可惜,这样的巧遇再也没出现过。

货郎担实际上就是将日用小杂货、针头线脑、儿童玩具等一些东西放在一个担子里,走村串户叫卖的人,人们可以用牙膏皮、龟壳、破鞋等一些小东西换取自己所需要的物件。这种叫卖方式,在旧时的农村非常普遍。旧时的农村买东西往往要走上几里路到乡镇街道,而那时的交通出门基本靠走,运货基本靠挑。货郎弥补了这种不便。自古以来,货郎又称"京货担子",宋代张择端在《清明上河图》中画有京货担子,元代王晔在《桃花女》中也提到过货郎担。还有很多小说、戏剧、民间故事中都有货郎担的身影，可见这样移动经营小百货的方式曾一度盛行。

常年在我们村行走的货郎担，是一个姓马的男人，年约五十，皮肤黑黑的，我们叽叽喳喳跟着他后面跑的时候，他也曾放下担子吓唬过我们，所以他的脸看起来比较可怕。在我稍大一些的时候，换了一个年轻人，他仍然挑着与老马一样的担子，可我怎么看他都不像挑货郎了。这位年轻人没挑几年就歇业了。从此，我们村就没了货郎担。好像其他村也没有了。几年后，我到镇上上中学时，看见有些年迈的老马将他原来挑杂货的担子在镇街道的一角摆了个摊子。我上前打招呼，谁知他根本认不出我来了。

# 机匠

我弟从小就在父母的安排下，认了一个姓张的人为义父，我也随弟叫此人为大伯了。别人背后总叫大伯老张机匠，我不知道为什么要将老张后面加上机匠二字，更不知道机匠是干吗的。多少年后才听人说起，张大伯是外地人，年轻时游村串户以代人织布为生，后来因各种布料都能买到了，这个行业逐渐弱化，他正巧来到我们村，有人见他人高马大，人看上去不错，便从中牵线，将我本家丧偶的大妈介绍与他结婚。为区分于别人，我们村便习惯性地将他的职业一并叫了。

机匠大伯操一口外地口音，在我们村定居时间久了，虽然也转变了不少，但乍一听总觉得他讲话怪声怪调的。我们习惯了他的腔调，也习惯了他用这种腔调讲故事。村里的同龄人爱找他玩，但也防着他。他习惯于根据各人特点，给人家取外号。我小时候长得白白净净，胆子又小，遇见别人吵架就吓得发抖，他便叫我"抖先生"。没想到这一叫就传开了，村里的大人小孩都这么叫我。我窘得不行，却又无可奈何，只有在姐弟之间这么叫我时，我才会表现出非同一般的神勇，与他们理论。父母知道了也不以为然，只有祖母知道后非常生气，当她了解到罪魁祸首是机匠大伯时，直接骂上门去。机匠大伯这才知道闯祸了，多少天都避着我家走。那段时间，祖母放下手中的活，带着我在村里走，只要遇到谁这么叫我，她立即破口大骂。这样的效果非常好，"抖先生"的绰号就这么消失了。

可能人们习惯于生活资料的自给自足，集体所有制的生产队除了种植水稻、小麦等主粮外，还种植棉花、花生、黄豆、玉米、红薯等。所有的种植物中，我们比较喜欢黄麻。黄麻的叶子可以熏蚊子，麻被剥走后的秆子更好玩，可以用来打闹，也可以制作很多种玩具，轻巧易折，还伤不了人。

那时候，不仅生产队集体种植黄麻，而且村民也在自留地种植。黄麻的个子很高，远远望去，像凸起的山梁一

## 机 匠

样，青幽幽一片。当这青色开始泛黄的时候，便到了黄麻的收获季节。这时，全体男性成人村民都集中到黄麻地，将麻连根拔起，就地将根部的土拍打干净，摊在地上。山梁随着拔麻的进度，一天天地缩小，直至消失殆尽。突然空荡的地里，仿佛让人挖去了什么，一下子空落落的。晒在地里的黄麻被大家用竹刀或硬棍子削打掉叶子，有的叶子被人装回家熏蚊子，更多的被就地堆起焚烧。人们将黄麻的根部放在火堆上烤，去掉须根后的根部被烤得黑黝黝、光秃秃的，接着人们把黄麻打捆后扛到河边，浸泡在河水里，并压上石头防止麻被流淌的河水带走。当河里的麻多了后，河水也成了丰收的金黄色。

浸泡一夜的黄麻，被扛到生产队晒场，为了不让湿漉漉的麻在秋风的吹拂下干涸，便用稻草盖上，每隔一段时间就淋上水。这时，妇女们齐上阵，开始剥起麻来。只见她们每人一条小凳，坐在黄麻的中间部位，一根根麻被提起，在中间一撅，麻秆从断裂处很悠扬地划上一道弧，根部到了一边。再悠扬地划上一道弧，梢部到了另一边。脱杆的黄麻软塌塌地垂下，被妇女们很柔顺地放在腿上。等麻在腿上放不下时，被抱到指定的地方集中晾晒，白花花的麻秆被打上捆，由个人扛回家晒干当燃柴。这是她们除了工分以外的酬劳。回家后的妇女将堂前的稻草揭开，开始剥自家的黄麻了。

生产队的麻被晒干后，卖给供销社。村民自留地种的麻绝大部分留作家用，除制作麻绳直接搓外，其余的还要另行加工，这些前期加工就需要妇女来完成了。首先是渍麻，将晒干后的麻在水里泡软，撕得细细的，再把细麻接起，连成完整的长线。这是第一步。第二步要借助纺车。纺车的右边用竹子绷成辘轳，辘轳被固定在架子上，架子上连着细摇把，这是纺车的传动杆，通过固定的线将力量传给左边的纺锤。在纺麻时，纺麻人转动摇把，左手将渍过的麻连在纺锤上，先将其纺成细绳，再将细绳绕上纺锤。纺细绳时，人伴着纺车声响，似有韵律地跟着前仰后合。纺锤是活动的，当细绳绕到一定极限时取下，换上一个新的纺锤。

所有的麻都纺好后，机匠大伯上场了。

机匠大伯家有一台织布机，村里村外纺好的麻都被送到他家。他白天要到生产队出工，晚上开始织麻布。麻布在农村用得很广，最多的是制成麻袋挑东西。习俗中也能用到，家里老人去世，后辈需披麻戴孝。丧事办完后，麻布头巾可作毛巾。披在身上的麻布可做衣服，每到夏天，很多穿麻布衣服的人在田里地里劳作。麻布衣服初穿时硬且刺激皮肤，洗上几次后，衣服不仅软和，而且透气、吸汗。无论毛巾还是衣服，穿或用到不能继续再用时，可做抹布，用来洗碗吸水、吸油，很是好用。我国有的地方也有将废旧的麻布用品切成细料用来造纸的，所造之纸被称为麻纸。这可能是最早的造纸方法，《后汉书·蔡伦传》上载"伦乃造意，用树肤、麻头及敝布、渔网以为纸"，可见古人差不多在2000年前就用麻做成纸了。

　　在我们当地还流传一句话"喜吃端午酒，孬（愁）喝中秋茶"，这句谚语主要是指妇女因端午节过后，白天变长，变短后的夜里可以不再做其他事了。中秋过后，夜里的时间逐渐延长，妇女们除了白天上工外，回家还得洗衣做饭，锅碗瓢盆洗刷完后，还要绩麻、做布鞋、纺线等。男人们白天上完工外，晚上就是串串门、聊聊天，如谁家的男人做了这些活，会成为村邻们流传很久的笑资。女人纺线不仅纺麻，还要纺棉。男人只要将收获后的棉花分解成皮棉交给家里就万事大吉，女人需要纺棉时，把皮棉揪成一团团的,搓成棉棍子,再上纺织机。较为神奇的是棉棍子在运动中的纺锤上一凑,棉线就丝丝缕缕地出现在纺锤上了。

　　机匠大伯不仅会织麻布,也会织棉布,大家把纺好的棉线也交给他。棉布的用途也很广,被染色后制衣,做成袋子不仅可放东西,还可在做豆腐熬糖时当滤袋。大伯的夜晚变得很长很长,也变得很累很累。一天夜里,疲劳不堪的他从织布机上一头栽下,中了风。中风后的机匠大伯左边身子不能动了,调养一段时间后,才拄着拐出门,吐着口齿不清的话语与人聊天。无人使用的织布机上开始慢慢积灰,当灰积到一定的厚度时,机匠大伯的眼睛在一次沉睡后再未睁开。他被安葬在我们的祖坟山上,而这台织布机,最后成了他家做饭的薪柴。

# 开店

上学的时候，同学之间流行看手罗"算命"，还专门有套口诀："一罗穷，二罗富，三罗四罗卖家当，五罗六罗开当铺……"过段时间，另一套口诀出现了，完全推翻了此前的那套。我不知哪套对哪套错，最有印象的就是开当铺，主要是我当时不懂当铺是什么，问家里长辈，长辈敷衍我说，开当铺就是开店的。后来才知道，两者根本不是一回事。

只是长辈的敷衍给我留下的印象太深，以至于很长一段时间里商店成了我向往的目标。那时的商店很少，每个公社只有一个供销社，从日用百货到图书化肥农药都卖。我非常羡慕他们，风吹不着，雨淋不到。整天待在屋里养得白白胖胖，到月还有钱往家带。一旦来了什么紧俏物品，先紧着自己买，然后再卖给亲戚朋友。那时的农村，几乎每户人家都恨不得有亲戚在供销社，即便没有，认识几个也行。遗憾的是，那的供销社的人，眼睛都长在头顶上，根本看不上"农民二哥"。我有个舅爷爷在公社油厂上班，每月有计划供应给油榨工肥皂，偶尔也能将"计划"挤出来，分上几块给我家。就这么一年还轮不上一次的肥皂，让村里人眼红了很久。有一年，父亲找了他一个同学，花了好几年的时间，才给我买了一双元宝口胶鞋，更是让村里人羡慕不已。这双鞋让年少的我宝贝得不行，恨不得睡觉也穿着。可高兴没多久，那双胶鞋不知怎么少了一只。每到雨天，我只能一脚胶鞋一脚布鞋地挑路走，或者弄一半截砖头垫着走过泥泞路，好在不久，那只遗失的胶鞋又找到了。这双鞋我穿不上后给弟弟穿，他穿不上了又送给更小的小孩穿。

供销社仍是我一个遥远的梦，直到我上中学后，才能与同学一道利用中午时间到供销社去闲逛。我们最爱逛的是图书专柜，那么多连环画非常吸引人，可一层柜台玻璃无情地挡住了眼馋的我们。我们伸长了眼睛，妄想从一本本连环画封面上看穿书中内容。可现实非常的残酷，只能

## 开店

没有尊严地在家境较好的同学手上翻看到可怜的几本。我们班上有个同学的母亲在供销社工作，印象中除了从未见他穿过一件破衣服外，他还经常在课间向我们炫耀某本书的精彩。我们只能一边掩饰着衣服上的补丁，一边羞羞地听他鼓吹。好容易盼到过年，新衣服虽然上了身，却大得不像话，如要等到衣服合身，肯定又不知什么地方破了。最开心的是盼亲戚上门，有的亲戚会塞上一个红包，不过大多是红票子（一元），很少见到绿钱（两元）。把这些钱放在手上叠上又摊开，摊开又叠上，手上的汗渍把钱弄得软塌塌的，可最后还得交给父母。没有钱，就只能自己偷偷卖牙膏皮、破鞋子、鸡鸭毛，可积攒了一年也凑不齐买几角钱一本的连环画。我从此就立志，长大一定要想办法到供销社去站店。

当我将这些想法告诉给外公时，他慈祥地笑了，说站店也不容易呀。后来我才知道，外公不到十岁就没了父亲，由本家叔叔照应着。那个本家叔叔是个大地主，不仅不舍得在他们身上投入，而且还设法盘剥孤儿寡母的他们。到外公十一二岁时，不得不到一家布店里学徒。那时的学徒好比师傅家的免费佣人，不仅给师傅家烧锅倒灶端

茶递水，还要帮他们家照料小孩。如果师傅家有田地，还得下田地干农活。学徒三年，谢师一年，没有一分钱工资，吃的粮食还要从家里拿。在这样的学徒环境中，外公学会了怎么迎宾待客做生意，还学会了做账盘点搞谋划。更为可贵的是他识了不少字，能轻松给人代笔写信及一般的书契文书。

其实不用外公提醒，我也知道站店不容易，仅那手上功夫就非常了得。比如有人要买盐，盐装在一口大缸里，凝结成块，有大有小。盐缸靠墙的上方有架子，架子上有杆带有铜铲的秤，要求店员一铲子下去，既能将盐块捣破，又不能伤铲子和秤。将分量称好后，小心地将盐倒入一旁裁好的纸上，把秤挂上架子，接着不掉一粒盐地迅速包好包，再用最多两道的纸绳子捆紧。这样的纸包若非专业人士根本完不成。首先是纸小，貌似难以遮住那堆盐，何况还要包成八角或六角形。其次是取纸绳子，盐秤旁边或上方吊有一个辊子，辊上缠绕着一撮纸绳，店员一手护着包好的盐包，一手拽绳子，刚够两圈长时要以巧劲将绳子拗断。所有动作环环相扣，一气呵成。因这里的每一张纸，每一段绳子都要计算成本的。

在扯布的地方也是如此，一匹匹的布放在架子上，客户要哪种布，店员先将布取下展开，然后根据客户要求，量好尺寸后裁下。整个过程要量得明明白白，还要略微放点，布要裁成一条线，稍有不齐，就会造成麻烦。顾客觉得吃亏会拒绝收货，顾客讨巧了，店里又要损失。

我见过一个老店员，缺了一只手。可即使残疾，他以一只手称秤、裁布、打包、系绳子，每一步都能迅速无误地完成。看着他娴熟的动作，联想到外公的话，觉得他练出这手绝活，背后也不知花了多少时间和辛劳。

那时的公社供销系统很大，除了日用百货还有食堂。除了图书专柜，食堂也是我最爱去的地方。绝大多数都是过眼瘾，没少受店员的轰赶，尤其是那个男店员，一见我们小孩，立马耷拉了脸，鼻子不是鼻子嘴不是嘴，将所有的东西都弄得"哗啦"响。可就这么个形象，当时的我心中也恨不起来。终于有一天，我积攒了一碗馄饨钱，在收款处交了钱，小心翼翼地等着馄饨上桌。食堂里的馄饨真好吃呀，碗里飘着几粒绿绿的葱花，还有大圈套着小圈的油花。用调羹舀上一只馄饨，就这么用嘴一吸，烫得嘴直哆嗦，还不舍得吐出来。馄饨皮薄软得像张湿透的白纸，软软糯糯，里面的肉馅却很劲道，咀嚼着能出声，心里美得直想叫。一碗馄饨吃完，烫了一嘴泡，尽管这样，还能香好多天。

我工作后，单位距家里有几十公里，先乘车到县城，再转车到乡镇街道，而后才走上几公里到家。就在多年的乘车换车中，看着乡镇、县城慢慢出现了各式各样的店，店里卖的东西琳琅满目。后来，连姐姐、姐夫也开了一家规模不小的商店，他们好像从来也没培训过，依然将店开得很好。主要是他们现在卖的盐都是成包的，即便有散装的物品，大大小小的塑料袋使问题迎刃而解，他们现在所担心的，就是店家太多了，竞争力太强。在这样的担忧中，又没几年，有人开始在网上卖东西了，不需要店面，只要将仓库里的物品拍成照片，一台电脑就能解决问题了。

# 郎中

这些年,父亲身体状况不佳,我们姐弟也是担惊受怕。先是心肌梗死,好在抢救及时,捡回一条命。做完两次心脏支架手术后,饭前饭后要大把大把地吃药。没多久,又有了肺气肿。接着肾脏、前列腺也先后出了问题。往往吃了这种药又影响到其他的病,治着这病还需考虑其他部位。时不时地严重一下,非得住上十天半月的院不可。好容易过上一段太平日子,肠胃又出了问题,几天不排一次便,整天鼓着肚子。我带他去医院,医生一照面就开了一张送检单:"先查一下大便。"看着送检单上龙飞凤舞的字,我当时气都不打一处来,如果大便通畅会来这吗?!为了父亲,我只有忍气吞声地对医生说:"他的大便已经中断好几天了。"医生耸了耸肩,表示无奈。看着痛苦的父亲，我说还是去看中医吧。谁知，到了医院的中医门诊室，医生继续索要大便化验单。

情急中，我怀念起当年的乡村郎中来。

郎中，这是我们对中医或乡村医生的一种称谓，惯性使然，至今我也还是尊称他们为郎中。我曾不止一次地看到，那些郎中伸出几根手指，在病人手腕上一按。稍作沉吟，叫病人伸伸舌头，再端详一下病人脸色，有时也翻看一下眼睛，就能在纸上唰唰写上各种名称与剂量的药方了。几剂中药下肚，病情逐步缓解。所以，我们家乡都称中药汤汁为"甜水"。甜水很苦，却能治病。郎中也很简

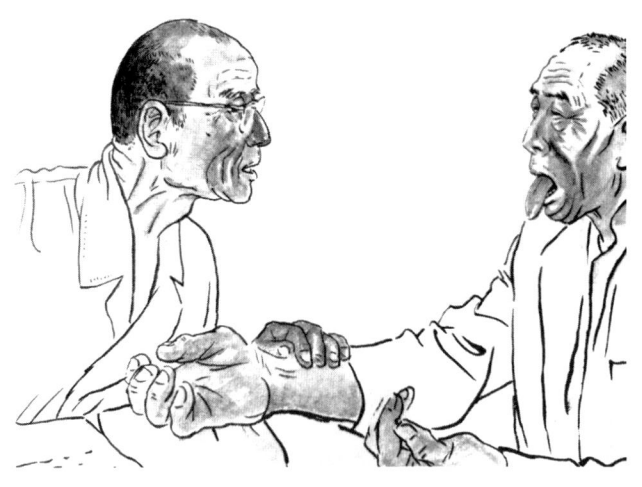

## 郎中

单，不借助任何设备就能看病。我在此没有任何腹诽现代医疗技术的意思，只是对当代尤其在功能齐全的医院里医生完全依靠设备进行排除治疗法有一定的看法。

很多年前，农村还是以村落为单位集体生产经营的时候，我们家房子很小，住的是五间瓦房的一头。而另一头住着两户人家，一户是单身汉，另一户是夫妻二人带着两女一男。这个五口之家的男主人皮肤黑黝黝的，与绝大多数农民一样，一点也不起眼，实际是个乡村学者，曾在幼年读完了整个私塾。新中国成立后，他们几个同属于一个私塾先生门下的弟子聚在了一起，模仿古代文人拜把子。因举行仪式的地方叫九峰，便美其名曰"九峰结义"。为显示出与众不同，还拟了规章制度，其中包括了结义的缘起与愿景、议事与担当，很是规范。这些制度形成后，各奔东西，多年也未曾再聚一次。就在他们中有好几个都淡忘此事时，被人举报成了反革命组织。这些人集体遭了殃，个人生活也受了影响。尽管他比父亲大了差不多一代人，但由于结婚迟，子女却不大，与我们姐弟几乎同庚。我在我们家排行老二，他家最小的是个儿子，只比我大一岁。

他们一家五口人只有一个房间，房间小的根本加不了第二张床。一张床再大，也容不下五个人，何况有三个是见天长个子的孩子。在物资贫乏的年代里，老先生找来几本书，其中就有医书，就着煤油灯，打发这漫漫长夜。困了，趴在桌上眯一会儿；醒了，调亮油灯继续看书。没想到，他就在这样的苦熬中学到了医术。更没想到，他第一次小试牛刀就用在了我父亲身上。

那时候的父亲还很年轻，突然患了肝炎，病情来势凶猛，一下子将从容游刃于乡村教师、农民、会计、裁缝四个角色中的父亲击倒，虚弱得连出房间透气都要母亲背着。在20世纪70年代初中期的农村，肯定是拿不出整钱去公社住院治疗。县医院更是一个遥远的目标，在那个交通基本靠走的年代，从家里到县城至少有20里路程，且不说受家庭经济限制，他当时的身体，连县城也到不了。就在全家无望的时候，隔壁的老先生站了出来。没想到，经他这么一试，父亲竟慢慢康复了。

从此，左邻右舍都知道他会中医了。父亲也对他有了超乎一般的迷信。

在那场大病后的没几年，隔壁老先生家来人了，而且

# 郎　中

一下子来了两个人。本就腾挪不开的家显得更局促了，加上自己的特殊政治身份，他只有将客人领到同一屋檐下的我家。在来的客人中，有一位更为高明的郎中，他一眼就看出同在我家小住的外婆身体有恙。外婆当时只有50多岁，身体看上去还不错，却有一个鲜为人知的暗疾，就是不能看见印满字的报纸，也不能看到芝麻、瓜子等散碎的东西，一旦看到这些密密麻麻的黑点，便立即恶心得呕吐，人也虚脱得没了精神。

他在我们家留住了两天。两天时间里，他根本没闲着，除了看好了几位村邻的陈年老疾外，还将同宗的大伯患有多年的痔疮治好了。在治痔疮的那天，郎中先熬好了药，与大伯同在一个房间待了个把小时。郎中从房间出来后，大伯继续躺在床上，差不多一天一夜后，又经过郎中的处理，大伯出门上了几次厕所后，从此痊愈。后来我见过同样的患者，先后在医院动了几次手术，日常生活稍不注意，病情就会出现反复。更为神奇的是，他治疗伤科病人。那位病人是邻村人，多年前因为砍树，被突然倒下的树打中，从死亡线上将命抢回后，半个身子就歪斜了。从此，他成为一名赋闲者，只能从事牧牛、看护牲畜等杂活。因父亲兼着那个村的会计,那日他被村里派到我们家取账本,看到那位郎中替人治病,便提出治疗的要求。郎中便叫他睡在我们家天井边的一块大石条上,看着病人睡不平的身子,便与病人拉起家常。病人在说话间,郎中突起一脚,病人来不及呼叫就晕了过去。郎中立即弯腰在病人身上一阵倒腾,等病人醒来时,腰也直了,身也正了,个也高了。就这么一脚,将残疾整成了正常人。多少年后,外出工作的我看见这位邻村人,他正挑着一副重担疾走,一点也不像曾经残疾过的人。

为治外婆的病,郎中背着锄头房前屋后村里村外地找了一大堆花花草草,又在厨房忙活了半天,最后忙出几颗黑色的药丸来,嘱咐我外婆一天一颗服用,也谢绝了父亲给的酬劳,只在临行时说了几句:"服完药后会很馋油荤,你们尽可能满足她。因这里没我需要的药,没法给她配后续的药。一年以后,可到我家去找我。否则,再过十来年,精神上会出毛病。"留下一个地址后,告别而去。

郎中走后的多天里,外婆果然馋油腻,有时好容易求人弄到"肉票"买到的肉还在锅里沸腾时,她就忍不住了,吃肉的样子不止一次地让年幼的我感到恐怖。在缺医

## 郎　中

少药的年代里，同样缺钱和物资，本就不富足的我们家终于在杀完最后一只鸡后，再也供应不起外婆馋肉的欲望，同样被"黑五类"身份压得抬不起头的外公一家更是无奈。外婆毕竟是成年人，面对残酷的现实不得不将对肉食的渴望压制在内心深处。接下来的日子，父亲费尽了心思，却为各种条件所限，为外婆复方始终未能成行。十多年后，外婆果然出现间歇性神经错乱，在求医无门中客死他乡。这成了父母晚年的嗟叹。

隔壁的老先生迎来"脱帽"后带给他的宽松，不断精进的医术富足了他的晚年生活，在迁入建好的新房后，找他求医问诊的人络绎不绝。遗憾的是他唯一的儿子在他们家迁入新居不久的一个夏季，在河里泡了一天后突然发病，中医药的"慢"治病法没能留住命。两个女儿最终也没能接住老先生衣钵。

# 炉铺

炉铺,这个行业差不多在20世纪50年代就慢慢淡出了人们视线,现在的人很少有人知道这个名称,更无从知晓这个行业经营的内容了。

小时候,家里的住房很小,三户人家同住一幢五间瓦房,我家占一头,含厢房共两间半。另两间半属于另外两户,其中一户是五口之家,户主幼年读完私塾后,家道中落,曾在炉铺里谋过营生,因识得不少字改投他业,几经周折后与我家成了邻居。

传统的老宅为便于两个房间能有独立的门,便留出一个厢房来。从我记事起,厢房里就有一口大灶和一口小灶。大小灶都是没有烟囱、炉芯的平灶,一旦开火做饭,因无处排烟,整个厢房烟雾、水雾弥漫。时长日久,厢房的墙上结了厚厚的一层黑烟垢,用刀将其铲去,粉上石灰也会泅出黑黄色。后来我问母亲,为什么当时的灶不用炉芯和烟囱。她介绍,有烟囱和炉芯的灶就意味着要耗掉很多砖,砖匠砌一根烟囱花掉的时间与搭一口平灶一样的多,再加上买炉芯的钱,是一笔不小的开支,穷家小户根本支付不起。平灶不仅烟出不去,而且还费薪柴。那时不带技术含量的劳力最不值钱,柴禾都是自己平时砍伐,绝大多数家庭都选择了平灶。

家境稍有好转时,我们家将厢房边的山墙开了一个小门,另盖了一间屋,将厨房从厢房里移出。新的厨房大了,起了一口大灶和一口小炉灶,大灶横放,左右结构,可装一大一小两口锅,稍小的用来日常做饭;大锅平时基本闲着,快过年时才发挥作用,熬糖、做豆腐、炒发米都离不开这口锅。小炉灶为纵放,一个火道连着两个坐锅的口,前锅用以炒菜,后口可放上水壶或炖汤的砂锅。大小两口灶都通了烟囱,也安装了炉芯。新厨房的建成需要大锅,在选购时就请了隔壁的户主。他在炉铺的生活经历提升了他挑选锅的经验。当时,我只知道换了新厨房的家,用上带烟囱、炉芯的灶后,既好引火,又省柴禾,厨房也干净了很多。

农耕时期，一口锅的价格可抵一个平常百姓家好几个月的生活开支，换锅成了一个家庭的大事。以前的新锅被买回后，很容易生锈。为使锅能用得好、用的时间久，并且不生锈，需要出锅脂。出锅脂既考验一个家庭主妇的能力，也能体现出一口锅的牢实程度。在出锅脂时，需将锅烧红了，将冷桐油倒进锅里，随着"哧"的一声响，烟伴着雾瞬时弥漫了整个厨房。主妇便在烟雾朦胧中，将沸腾的油搅拌到锅里没淋到的地方，而后将粗糠倒进锅里，与沸油一起搅拌。油和粗糠在翻动搅拌中不时地扬到锅台上，当一锅糠在锅里烫成焦炭时，锅脂就出好了。在整个过程中，如果锅质量不好，就会在冷热交替中变形或开裂。据说，遇到这样的坏锅，可拿到炉铺免费换一口。有趣的是，在我们这儿常将两口子婚后的磨合期称为"出锅脂"，一旦这个时期没处理好，会影响夫妻二人一生的和谐度。

我对炉铺的了解并不多，促使我写这样的一个曾经的经营场所，主要源于一次调查。有一次，我巧遇到一位老先生，他知道不少20世纪40年代以前的经营门类，也是我一直不辞辛苦的调查对象。当与老先生聊得深入时，他随口吐出"炉铺"这个词。在他的介绍中我才知道，炉铺

## 炉　铺

中经营的是风炉、锅、缸、碗等物件，规模稍小的炉铺经营范围比较广，风炉、碗、缸等物件从窑厂进，锅则从特殊渠道进。规模稍大的炉铺不仅经营，而且在铺面后方开辟场地制作，涉及炉铺声誉的锅绝大部分自己铸。所有的经营内容都与百姓饮食起居有关，却又不同于菜市场。炉铺经营的是能存放的现货；菜市场是社会发展到一定程度才出现的新兴交易场所，买卖的大多是鲜货，现在买锅碗瓢盆大多选择菜市场。

炉铺经营的时代随着新中国成立而弱化，国家将农用物资的经营重新合理化组合，集中到供销社、土产公司，炉铺自然消亡了。

随着社会的发展，人们生活水平的提高，特别是厨房变革后，人们从烧柴禾做饭炒菜改成煤饼、煤球、蜂窝煤，烧煤的时间持续不久，又改成液化气、沼气、天然气等新能源，锅传代的时代似乎也一去不复返了。在烧煤的年代里，锅的质量再好也架不住集中的高燃点对它的伤害，换锅成了常态。改成新能源后，锅依然换得频繁。在换锅用锅时，人们早已忘了曾经的经营场所与在艰难困苦中煎熬的日子了。

## 耍班

刚上班时,单位分配的是四人一间的集体宿舍。住在最里面的同事比我早几年上班。每天下班后,我基本都围着他转。一方面因为他工龄长,比较了解单位情况;另一方面他老家住在县城,所见所闻自然比我这个来自农村的要多得多。因他家在县城,到他这边来玩的也都是他县城的同学,给初入社会的我增长了不少的见识。

有一个经常到我们宿舍来玩的,是县搬运公司的人,我们都称他为"小费翔"。那一年,费翔在春节联欢晚会上唱了《故乡的云》和《冬天里的一把火》,他那头卷发和穿着成了我们好几年争相模仿的对象。"小费翔"长得精瘦,衬托出他的个子颀长。每次过来都穿着红格子衬衫和喇叭裤,样子很时髦。他也有意将头发弄得长长弯弯的,再迈动着能扫地的喇叭裤,很是吸引人的眼球。

那时每周只休息一天,"小费翔"一般都是周五到我们单位,住一夜后,第二天一大早与我们一道回县城。他们回家后,我也转车赶回农村的家。周日上午我返到县城,等单位班车的空闲时间,就在大街小巷中漫无目的地串,觉得什么都好玩。一次,路过一辆写有"搬运公司"的大货车旁时,见到"小费翔"戴着防尘帽,穿着脏旧衣服,扛着装满东西的大麻袋往车上装。此时的装扮,全然没了"小费翔"的风度与气质。我心里想,他这样的工作环境还不如我呢。这时,我这才知道搬运公司就是扛大包的。

这一次偶遇,将我心目中小费翔这个神话般的人物打回了原形。那时的城乡青年在"千军万马挤高考"这座独木桥中失败后,农村的还好,回家有田种,城里的就没那么好了,整天待在家里等招工或待业指标,只要有活干了,大家都一拥而上。他能在搬运公司上班,还是源于其父是公司老人。搬运公司是个老单位,前身是装卸合作社,是由20世纪50年代将一帮箩班组织在一起成立的城乡搬运公会发展而来的。

箩班，类似于重庆的"棒棒"。我们县城旁有一条大河，是长江的支流，是连接好几个县的水路货运通道，仅县城就有三个码头。为便于往来商贾装卸方便，也为无一技之长的自己谋一条生路，码头上出现了一帮专事装卸货物的人。他们自备箩筐、扁担、绳索，也推选出领头人，在码头上揽活。装卸搬运的方式也很传统，"杠子扁担加篾箩，不是挑来就是驮"。随着公路运输的发展，搬运公司也购置了不少货运汽车，把住方向盘的自然不是"小费翔"这样的临时工能从事的。有了汽车，装卸工不用挑挪了，只是将货物扛上车，或是将货物卸下扛入库。

同事的父亲原是县城轿行的。民国时期，县衙里有官轿，大户人家有私轿，量却不多，加上县城的轿行，才一百零几乘。新中国成立后,认为轿子是剥削阶级的产物,将轿行一并纳入新成立的搬运公会。于是,同事的父亲与"小费翔"的父亲共了事,所以就有了他们一同长大、一道上学的经历。同事由于成绩较好,通过招工考试进入我们单位,"小费翔"只能在父亲单位当了临时工,但儿时的玩伴并不因为距离远而疏于来往。几年后,同事调离了我们单位,我们少了联系,也很少见到"小费翔"了。又没几年,私人营运业务开始兴起,个人买汽车不再是神话,搬运公司终于关门倒闭。再后来,县城又成立了几个搬家公司。这些人的本事不小,一台我们好几人抬都费力的冰箱,他们只用绳一圈,一人就能背着,脸不红气不喘地从容上下楼。

多少年不见,不知"小费翔"去了哪里。

## 磨剪子抢菜刀

我虽落户在县城,却心系乡下,常到乡下走动。在家的时候,也还记得将家中用了不少时日的两把菜刀,拿到磨刀石上出出新,增加菜刀的锋利程度。每当这时,耳边总会响起"磨剪子抢菜刀"的叫喊声。这声音好像远去不少年了,心中念起,又仿佛还在昨天。

想起三十多年前,大人们都下田干活去了,村中好像一下子空旷起来。偶尔谁家有只下蛋的鸡叫起来,才会提醒陌生人这个村子是有人住的。有时,可能会响起"挑牙虫""磨剪子抢菜刀"的叫声。在家中做作业或者正找玩伴的我们立即循着声音赶了过去,直接忽视了挑牙虫的,径直跟着磨剪子的后边叫。等磨剪子的走了多少天,我们还会将家中的长板凳反扣在肩膀上,让凳脚朝天地背着,

磨剪子抢菜刀

在家中宽敞的堂前转着圈叫"磨剪子来——抢菜刀"。更多的时候,这样叫仍觉得不过瘾,就反背着长板凳走出户外,沿着村中道路叫。叫着叫着,就引来村中小朋友相聚,直到玩得肚子饿了,或者听到大人唤我们吃饭的声音,立即拔起腿来跑回家。等大人问起,才想起自己是背着板凳出门的,于是又在大人的训斥中,到自己玩过的地方去找。板凳自然是找不着了,因为自己早就将玩过的地方忘得干干净净。回得家来,少不了又要挨上一顿打。不过板凳没过多久又能回到家中,倒不是板凳能认识主人,而是被人家送回来了。村中谁家有什么样的板凳,在茶余饭后串门时,早就被一些留心的人记在心里,何况上面还写有主人的名字呢。

　　磨剪子是将锈迹斑斑的或没了锋口的剪刀,拿到磨刀石上磨锋利就行。可就是这个,磨好也不容易。我记得在几年前,将自家的剪刀磨了一次。本来那把剪刀勉强还能用,经过我一磨,反而剪不了东西了。用手试试,单边的刀锋还挺快,可两边合起来就不能用了。

　　居家生活中,自家菜刀不够锋利了,用起来自然比较吃力,可以用在街上买来的磨刀石,将菜刀的两面分别磨

上若干次，先是将刀口的陈垢磨除，而后用大拇指轻拂刀口，试看刀口是否锋利。这样的磨刀法只能用上几年，等菜刀经历多年的磨砺后，刀口一定是磨不薄了，这就需要抢菜刀的人用工具使刀口变薄。抢菜刀的走村串户只需背上一条长板凳就行，长板凳上绑着磨刀石和戗刀用具。磨刀的方法与我们自家的动作差不多，只是他们表现得更专业。抢菜刀时，将菜刀固定在板凳的一头，用一个精钢制作的类似于木匠打眼用的凿子，所不同的是将凿子绑缚在一根小横木棍上，工作时将凿子不断向刀口推动，刀口就这样被一层层削薄，当然薄到一定程度时，就再也抢不动了。而后将抢过的菜刀磨上一阵，一把菜刀就抢好了。

而今，一把菜刀用得不快了，人们毫不吝惜地扔进社区的垃圾桶里，因为要购买一把菜刀再容易不过。更何况，你根本找不到抢菜刀的民间手艺人了。

# 木匠

在我年少的生活中,最早有印象的手艺人可能就是木匠了。那时候,几乎没有玩具可买,再加上生活条件不允许,即便有卖的,家里也不可能有那么多闲钱给我们买玩具。那么,玩具就只有自己做了。不过,我的玩具制作历程,是从破坏开始的。我很小的时候,家里唯一现代一些的东西就是一只闹钟,并且这只闹钟是村里大多数人家所没有的东西。我的玩具制作先从这只闹钟拆卸开始,后果不言而喻,自然是挨了一顿打。接下来又将奶奶唯一用来锁门的老式铜锁堵上了一根细棍子,锁下岗的同时又挨了一顿打。后来,看见人家踩着高跷去上学,既能玩耍又能在下雨天当胶鞋用,羡慕得不得了,便自己设法做。开始做的时候,自然还是背着父母偷偷来。家中没有长棍子,

## 木 匠

就到竹园里砍竹子，没想到竹子很滑，不是绑在上面的横档往下滑，就是没多久就开了裂。于是，我将家里的锄头拆下来，用刀子将锄头柄削细了做高跷。父母没了锄头用，自然查到我头上，少不了又是一顿打。

锄头柄被我弄成细细的，自然没什么用了。挨打过后，还是央求堂兄，他家里有木匠用的凿子，将我带去的木棍打了一个小眼，横插一根短木棍，做上支架便成了高跷，遗憾的是只有半边高跷，结果还是堂兄伸出援助之手，支援了另外半边，一对完整的高跷终于到了我的手中。没想到，我煞费苦心做成的宝贝高跷，成为我和弟弟争夺的对象，常常为你多踩一下我多踩一下，争得将高跷丢在一边摔起跤来。最终结果，还得由父母判定，我自然没了优势。

因为高跷的缘故，我对木匠崇敬起来。往往村里要是谁家请了木匠，我就盯着看，半天也不舍得走。看着木匠将一根根圆圆的木料变成方的，看着他们手中的刨子推向木料，"嗤"的一声响，推出一卷刨花来。又是"嗤"的一声响，又是一卷刨花吐出。一卷卷刨花魔术般地从刨子里成型，流水一样地落在地上，瞬时便堆成了一座软软的小

山。等木匠稍稍离开，我便冲上那座小山，在里面翻找起来，选出一片长长弯弯的刨花，小心抠出两个洞，当眼镜用。正当想将自制的眼镜修饰的更完美时，不借助刀具的木纹自然不如两个小洞圆满，刨花又破了。正准备再寻一片完美的刨花时，木匠又过来了。他嫌我在那碍手碍脚，便半真半假地轰我走。当时，我想我要是能做到这些就好了。遇上和气的木匠，我就提出自己也要刨一下的想法，没想到木匠也痛快地答应了。我拿起刨子一推居然没推动，更不用说能推出长长的刨花来了。这些都是木匠的基本功，包含了劈、刨、凿、锛等。"千日斧子百日锛，一生刨子刨不清"，既说的是木匠的手头功夫，也以"千日斧子"说明木匠为何要学徒三年的原因。"一生刨子刨不清"，有些木作从业者终身都难以推好刨子，当时的我尚未成年，更没学过木匠，推

木匠

不出刨花来是很正常的。

最让我见识木匠神奇的,还是我们家那年盖新房。木匠先是将木料配好,而后将所有的木料全都出了新,再开始画线,接下来就是每天不断地刨、锯、凿、砍。多少天后,所有加工后的木料配在一起,一座房屋的内结构就搭了起来。我们家的房子还是老结构,三间房共有20根柱子,35根梁,其中一根中梁最粗,在指定的日子和时辰,由木匠和砖匠一人一头扛着爬上10米高的最高处,将中梁套在中柱上。按照当时的习惯,我们家房子在所有的进度上都要选好日子,这些日子定在开工、立柱、上梁三个环节上,所有木结构的地方都是用榫头连接好,不带一根钉子。

房子建好后,还是木匠的功夫,用木板将一个个房间隔开,就需要装楼板、地板、板壁,进出的木门,部分如衣橱、碗橱、箱子、桌子、板凳等常用的家具,都由木匠完成。我记得当时两个木匠在我们家一做就是三个月,我们家的新房才能搬进去住人。

木匠的功夫远不止这些,还要承担农具的打制和修理工作,比如耕田的犁扶手,耙田的耙,平整田的手耖、脚耖,脱稻谷的打稻机或摔桶,清理稻谷与稻穗的风扇等。这些手艺活既考验木匠的吃苦耐劳,又检验他们的心灵手巧。一旦哪个环节达不到,就会使犁在犁田时,不是吃土太深就是入不了土,要不就是偏向一边跑;打稻机踩起来吃力,转速又慢;风扇摇不动或是一摇就响等。还有一点就是,传统的耙上所有的齿都是用木头做的,这些都得由木匠完成。因此,木匠当中又有细木匠和粗木匠之分。细木匠属于什么活都能做,粗木匠只能给细木匠打打下手。还有一些木匠还能做更细的活,比如剖桶、盆等。我们当地将专做这些活的木匠称为桶匠,这些匠人能将所有的木头通过合理搭配,做成能盛水的盆、桶、瓢,这些用具在农耕时代是农家必不可少的生产、生活用具。

我们家做房子的时候,我们姐弟还小。几年后,姐姐在新房子里出嫁了。姐夫是个木匠,他随父学艺,手艺很好，远近有名，很多粗木匠都愿意随他们一道搭伴做活，高峰时差不多有十人。接着，成年后的弟弟也当了木匠，因考虑辈分问题，他拜姐夫的父亲为师，更多的时间跟随姐夫后面学。随着现代装修普及后，弟弟先一步走入这个行业，在好几个城市中辗转了多年后，去了一家公司当项目经理，彻底离开了木匠行业。没过几年，无论城乡都时兴楼房，钢筋水泥替代了原来的木匠活。这时，农民种田也不再依靠传统农具了，连耕牛都被人们遗忘了，农田里活跃的是机械，拖拉机犁田，收割机收获。年近六旬的姐夫不再接木匠活，与姐姐专心打理起商店来。

# 棚花子

## 一

从我记事以来,就觉得我家房子比别人家的要高。后来听说,我家原来是敞厅,也就是过去宗族议事的场所,高大敞亮,透出一种威严。房子尽管高大,与我家后来的房子比,那时住的好像并不怎么宽敞。主要是五间瓦房里住着三户人家,每天共十来口人来来去去,将原本宽敞的空间填得满满当当。在不怎么宽敞的家里,每年的秋季还要加住十几个人。不过,这十几人不是住在房间里,而是住在我们三户人家共用的堂前。他们在堂前地上铺着稻草,草上垫的是这些人带来的被子。这些人在我们家一住就是多少天,有时住到天下雪或快过年了才走。

棚花子

这是我童年时期的秋冬季最快乐的时光。

从他们入住的那天起，我就不用扫地了。每天吃饭的时候很热闹，所有住在我们家的，人手一只碗，排着队到饭锅里盛饭。我们姐弟三个穿插其间，与他们赛着吃。更多的时候，我们可以在地铺上翻跟斗、做游戏，每天晚上，赖着不回房间睡觉，缠着人家谈古今。古今是我们当地的土话，就是故事的意思，当然也包括陈年往事。他们绝大多数讲的都是流传了多少年的鬼怪传奇或才子佳人，无非是公子落难、小姐讨饭，最后成就一番姻缘的故事。时长日久，故事总有被讲完的一天，只有在地铺上做游戏。有他们在，我犯了错误也不用受处罚，一旦父母将处罚我的手高高举起，求情的人总会及时出现。好日子总归不长，人一走，我们姐弟三个又回归了正常。

这些人住在我们家是为了就近选草，长秆稻草是他们唯一的目标。秋收后的长秆稻草，有的堆在田埂上，有的散落在田里。在选时，他们一把抓住稻草的穗部，将稻根部对天一举，等根部松散后，用力往下一甩，那些依附于稻草上的枯叶就这么脱离了一部分，然后再用脚踩住草穗，用手来梳。有的直接用两条大腿夹住草穗处，用手梳。也有人直接端一长板凳，将钉耙倒绑在板凳上，抓住草穗，将稻草根部在钉耙上梳。所有梳过的草都在长板凳一头的月牙形的刀上一掠，草穗部分断了，再一掠，草根部分也脱离了本体。这些稻草被扎成一小把，多少个小把又被集中到一捆。这些大捆的草就不能散放在田里了，生产队专门给他们腾出一间大仓库，每天精选后的稻草都被集中到了那里。

  这样的选草方式与我们玩的一样。我们也会将稻草上的枯叶去掉，不同的是我们可不敢用手梳掉草枯叶，怕生机未褪尽的枯叶划伤了我们娇嫩的手。我们只会像剥笋子一样一根一根地去掉枯叶，保留草穗部分，集到一定量后用来编草垫子。草垫子很软和，到处可以使用，在家当凳子用，在外蹲着干活也可用，谁家都要准备好几个。我每天早晚将家里的鸭子赶出去吃野食时，遇上一块鸭子感兴趣的地方，把草垫子往地上一铺，席地一坐，能发上好久的呆。草垫子的用途虽广，可不太牢，使用寿命都不怎么长。编草垫子大多是小孩的自觉行为，在不影响家里干活的空档时当作玩耍的内容。一旦影响到家中干活，自然会挨家长的骂。可编好后，这些草垫子又被全家人惦记上

棚花子

了。尽管有如此不公的现象，可我们总也乐此不疲。我们每年都要编。为节约时间，我们有时偷偷从大人的草捆里抽出来一些编，这些割了头的草，编垫子会有疙瘩，但掺入我们自己选的草也是一种不错的选择。没想到这样绝密的事情也会败露，我在挨了一顿打后，再也没敢偷拿他们的草了。

后来我才知道，这些草都是花了钱的。来客们每年会提前派人与生产队接上头，事后按照选过的稻草过秤计费。我们悄悄拿的稻草，会造成双方损失。他们按每人论天带足够的米住在我们家，除了交房租外，还要按人头算菜金、薪柴费。他们一入住，忙的是我母亲。她每天除在生产队上工外,还得赶回家做 20 多人的饭菜。那时候做饭炒菜都用的是土灶,一边往锅灶里添柴火,一边忙着锅里。每当这时,我姐就吃亏了,她总是被安排在灶前生火、添柴。我们家平时做饭都是茅草、松针,硬柴都用来炒菜或熬糖等大用。茅草、松针不经烧,要不断往里添,再加大灶没安炉芯,通风又不好,添柴时格外讲究技巧。

家里硬的薪柴都是父亲从几十公里之外的山里砍伐的,通过竹簰沿着水路运送到村边。自从上游建起大坝后,只能运送到大坝码头,再由人工拉着板车运到两三公里外的家里。父亲挤出早晚的空余时间将这些长长粗粗的薪柴锯短、劈细,再由我和弟弟一小把一小把地搬到柴棚里堆好。茅草、松毛都是母亲从附近的河滩或树林里弄回的。母亲总认为父亲从山里运回的薪柴金贵,无论哪一种燃柴的使用,母亲都要将其用到极致,每当年幼的姐姐添柴不得法时,会不时地得到母亲的指正与训斥。每每这时,家里的客人要不有人将姐姐替了,要不就劝上几句。

在所有来客中,有一位比较特殊,他就是我表伯。他也是这拨人的主要负责人,因我祖母是他的亲姑妈,所以他也是少数能睡在床上的人。除了亲戚关系,也因他年少时在我们村的地主家放过牛,与村里很多人都熟。见他带人来收草,家中只要能挤出空间,就会安排他睡床。他尽管睡在别人家,吃饭一定是到我家,主要是我母亲炒的菜好吃。多少年后,听父母聊到这一段往事,母亲说表伯本来嫌我家穷,不会有什么好吃的,就将伙食搭在他曾放牛的东家。东家的条件是好一些,可菜、饭做得总没我们家可口,一次吃饭时,表伯催大家出工干活时发现了这一点,当即决定将伙食转搭在我们家了。

几年后的一个春节,能独立出远门的我随堂哥到十多公里外的舅爷家拜年,见到与表伯在一起过日子的舅爷,也见到了一堆堆像大房子一样的草。我这才知道我们村里的草到了这里,也知道了这些草是用来造宣纸的。

## 二

夏天,是个令人心潮澎湃的季节,我在这个季节进入了宣纸行业。上班的第一天,经老工人提示,我按照工艺流水线,将所有的车间转了一趟。第一站是在一个特别脏的大房子里，见两三个人在一个大大的堆满白草的房间里，有人用又长又粗的棍子对准一捆草狠狠地抽打，也有人用两根细细的鞭子对着桌上已经凌乱了的白草抽打。无论棍子还是鞭子，每一次抽打都能带来一阵灰雾。灰雾被扬起来，半天落不了地，新的灰雾又接着产生。屋子里变得影影绰绰，如梦如幻。人走过去，灰雾像一堵堵软墙，拦阻着别人。这道工序叫鞭干草，他们将经过自然漂白后的稻草通过鞭打的方式，抖去草上的石灰、石块，让草变得纯净起来。从小在农村里长大的我，想疼了脑袋也找不出农村比这更脏的活。

这些打散的草被他们团成一个个松散的草块，送到一个水池边。这里蹲着一人，拿着农村筛稻谷的筛子，将草块放在筛子上展开，放在水里，一手将筛转圈，另一手在筛里的草上划动。池水随着筛子的转动瞬时变白，一圈一圈地向周边蔓延。这人将草在筛里划得差不多时，筛趁着转动的方向被转至岸边，水随着筛的缝隙往下流，草又神奇地变成一个圆柱形。圆柱形的草被放到旁边的平板上，另一个草块又下水了。草里有石灰，通过这道工序洗净。池水是流动的，泛着白地往池外淌。草是干的，稍微一动就有灰尘飘出。洗完后的草还需要通过木板与木板的挤压，榨去水分后再送去选拣。世上没有任何选拣像宣纸行业一样，选拣后不是将草扔掉，而是将草留下来。

草变得精纯了，被送往舂碓。舂草的地方看着熟悉，因我从小就接触过。记得每年进了腊月，我们家就要做饼子、熬糖。一是为了给物资贫乏的年代里的孩子当零食，二是熬的糖可以做成酥糖、欢团等，作为春节时当作待客或礼尚往来的礼品。饼子是由米舂碓成粉做的，糖熬出来后也需用米粉来保管。这些粉需要碓细、过筛，一般来说，都由父亲踩碓，母亲过筛。碓一上一下，换来不大的碓屋里单调的舂碓声，母亲盘坐在碓边，拍着细筛，将滤剩的粗粉倒进碓臼里，又从里面舀出碓过的粉。这一碓，就是大半天的时光。我与弟弟稍大时，就由我们俩替代了父亲。父亲在忙别的事时，我们兄弟俩站在碓脚的一左一右，双手把着扶手，人在用力下踩中一高一矮，换来碓的一上一下。宣纸厂的碓长着一样的碓臼，不同的是带动碓头的臂很长，数量也多出好几座。传动的那一头连着一根粗粗的横梁，由钢铁锻制，横梁在电动机的带动下将碓带动得此起彼伏，样子很是好看，场面也非常壮观。在这里还看见了两座不一样的碓，这样的碓没有碓臼，而是有齿的石板。每个石板前坐着一个人，将一块巨大的饼子一样东西，随着碓的起伏不停地翻挪。突然，一阵惊呼传来，一个坐在石板前的小伙子的手被碓打了。他的脸当时就变了色，慌忙从平板碓前离开。碓还在不停地起伏，那块沾染上了小伙子鲜血的大饼子停止了翻挪，立时被碓击打得粘在石板上。小伙子含泪用另一只好手捧着受伤的手，颤抖的身子瞬时被汗水润湿。另一座平板碓的操作人员立即起身，将电机的总控关了，所有的碓都停了活动。

另一座大水池边，这里的人仅穿着一条裤衩，光着膀子，汗流浃背地拿着撑船时用的竹篙，往水池里狠命地捣，池水泛起了白色的浪花。竹篙的另一头连着布袋，这道工序叫袋料，经过碓打后的宣纸原料在这儿进

棚花子

行最后一道清洗工作。袋料的旁边是捞纸,这是宣纸成纸的第一道工序。两位捞纸师傅站在水池的两头,抬着一个方木框,铺上纸帘,将方框在水里左晃一下,右晃一下,再一提,一揭,一张宣纸就这么完成了。行至晒纸车间,令人窒息的热气扑面而来。在高温中,看见每一个房间的中间都站立着一堵厚厚的只有一人多高的墙,墙的两面分别有一个也是穿着裤衩光着膀子的人,他们从一边的架子上揭下一张白绸缎一样的纸,用刷子一刷一刷地贴上矮

墙,水汽随着刷子的舞动弥漫开来。这样的高温环境,我是待不住的,便去了检验车间。这是一个不大的房间,基本都是女工。只见她们有的将铺陈在桌上的纸一张张地翻动着,有的将一张张纸夸张地在空中翻动,纸扬过一道道弧线落在桌上,有的则用一把斧头一样的剪刀对准纸边推过去,纸边落地,一摞纸立时像挺立的将士,齐刷刷地站在了桌上。

  一圈看下来,没有看见曾经的稻草是怎么形成白草的,其中的过程好像有意隐匿。我在此后几十年的工作与生活中,才逐步对这个行业有了了解。原来一般人看见的宣纸厂都只是宣纸的制造环节,而稻草的加工环节在原料部分,与真正意义的宣纸厂是分开的。现在所看的宣纸厂有很多的工艺进行了提升,比如鞭草、洗草、袋料等工种,都不同程度地机械化了。只有捞纸、晒纸、检验三个工序没变,而这三个工种在多少年前,与碓皮工一起,算是技术工种,有着较为严格的师徒传承关系。其他工种一般只是由一个师傅稍微带一下便可独立操作,包括宣纸的原料加工也是。这些工种不仅技术含量不高,更多的是作业环境差、体力消耗大。

在新中国成立前,鞭草、洗草、袋料等工种与踩碓工都是外乡到我们这打工的劳动力来做。当时的春碓由人力传动,非常耗体力,老板供给伙食,这些人一天可吃五顿饭。一旦到了夏季,这里完全是个男人的世界。踩碓、鞭草、晒纸工绝大多数不穿衣服,汗流浃背时的衣服在身上不仅是累赘,还容易坏。可能因为大多数宣纸工人或蓬头垢面,或衣冠不整,工作环境或露天或在低矮的房内,或灰尘漫天,或冷水刺骨,或酷热难当,他们被人们为"棚花子"。家境稍好的人是不会选择在这样的环境下工作的。多少年前,人们习惯性认为,这样的工作与叫花子差不多,只是多了一些尊严而已。

# 婪子

我们村距最近的学校也有一公里多，沿途都是土路，虽不至于晴天一身灰，但常常是雨天一身泥。为照顾学龄儿童就近入学，学区特意派了一位教师，将我们村一二年级组成一个班，村里自行解决教室后就开班了。我是在开班第二年上的学，那一年我7岁。班上所有的课桌基本是各家带到学校的，高低不平，大小不一。全班20多人，挤在一个房间里。学生以课桌分出两列，中间留一通道，左边是一年级，右边是二年级。我是一年级，由于个子小，被安排到左边第一排。我的桌子稍宽，桌子的另一边被老师用作讲台。无论上下课，我的书基本是抵着老师的粉笔盒或闹钟。老师就这么看着闹钟确定每堂课的时间，上完一年级并布置好作业，就着同一块黑板给右边的二年

## 婆 子

级上课，布置完作业正好下课。

课间休息，我们只能在教室门口玩，女生踢毽子或跳绳，男生跳田或打纸鳖。跳田是在地上画上几个格子，单脚往里跳，难度和级别也一级级地升。纸鳖是用纸叠成方块或三角形，打翻或插底算赢，因有输赢常发生打架，这些游戏虽被老师明令禁止了，可大家还会偷着玩。偷着玩并不意味没有争斗，这时，常有一位慈眉善目的小脚老太太准时出现，制止我们争斗升级。

她的个子比一般的老太太要高，脚却很小，我们都好奇这样一双小脚是如何能顶得起她高大的身子。她家与我们"学校"一墙之隔，且与班上有一小门相连。后来才知道这间教室就是她的，因成分不好，被村里强行征用了。老太太孤寡一人，房子就这两间，剩下的那间被一隔二，前半间用来做饭，后半间当作卧室。我有时会窜到隔壁，看老太太挪动着小脚忙东忙西。她的衣服都宽宽大大的，也都补丁摞着补丁。时长日久，我看到她好像只有三块布没有补丁，一块是黑的，用来缠头的；另两块是白布，用来缠脚的。她好像干啥也不怎么避人，就是没谁能看见她缠头缠脚。不过，我觉得那块黑布与花白的头发混在一起，显得很好看。也不知什么原因，那老太太经常塞东西给我吃，有花生，有山芋，也有玉米。我们平时都很少能吃到。有时她真拿不出这些东西，也会给我几片脆锅巴。我吃得多了，也跑顺腿了，

终于在一个课间，我撞见她将白布从脚上一层层揭下。我正纳闷人的脚上为什么要缠布时，老太太发现了我，一下变了脸，停止了手中动作，将我礼貌地"请"了出去。

我立即觉得这个老太太神秘起来，她为什么不与我们一样穿袜子？为什么她的脚那么尖那么小？为什么脚背那么高？为什么她头上要包块黑布？我满腹疑问地回家问母亲，母亲说小孩子别乱打听，并告诫以后别吃她的东西。这时，我又觉得老太太慈眉善目的背后似乎还有什

## 婆 子

么，我开始有些躲着她，可又架不住吃食的诱惑。

时间过得很快，我上完一年级后，这个班就被撤并了。二年级时，我不得不去一公里外上学，也就很少见到那位老太太了。没几年，我们村被分田到户后，老太太住进我本家大伯家。原来这位老太太是本家大伯的岳母，在非常年代中不得不与他家划清界限。在以后的日子里，老太太也活跃了很多。由于村里住户多，人口比较密集，平时难免有个磕磕碰碰，但凡有人因为口角牵扯到她，村里人总以那个"老虔婆"或"虔婆奶奶"来称呼她。我不知道虔婆是什么意思，更不知道别人口中的褒贬。后来，我才知道她年轻时因长得人高马大，曾在县城的一家风月场所管理过一段时间，"虔婆"的称呼就这么传了出来。她有一个女儿，就是我的堂伯母。可将这对母女放在一块，却怎么也找不到两人的共同点：一个高大挺拔，一个矮小肥胖；一个慈眉善目中隐藏智慧，一个邋遢随意又粗鄙不堪。很多人都质疑过这对母女的关系，然而存在便是道理，毕竟我那位堂伯母就是跟随这位老太太长大的，也是在老太太的主持下与堂伯结婚生子。可能也是因了堂伯的关系，老太太才能在我们村落户。也许是过往经历不太寻常，老太太在政治运动中受到过不少的冲击。可她在每一次冲击中，都能被当地人高高举起又轻轻放下。原来她离开风月之所后曾做过媒婆，不断寻访四乡八邻，为不少青年男女牵了红线。其中有不太成功的，却又在她的游说下重圆。促人姻缘是件善事，这可能也是她在运动中没受到过多伤害的原因吧。

天不假年，就在她与女儿女婿合住没几年的那个夏天，她的嗓子先是哑了，而后又吃不下东西了。在当时的医疗条件下，最终被拖得皮包骨头。弥留之际，她叮嘱堂伯，一定要在她生命的最后一刻，以丝绵套住她的双手。她说："我共有七个外孙，有四个是我接的生。到了那边，阎王要给我上手刑。我奄气[1]时，要把我的双手塞两个铜钱，用丝绵套手，能送钱给解差，也能在上刑时扛得住。"家里有现成的铜钱，都是家传的外圆内方的铜钱；丝绵是蚕丝团，做棉袄时在棉絮上混入一点格外御寒。没两天，她就安详地离开了人世。

---

1 奄气：方言，咽气的意思。

# 漆匠

我有个女同学,在读书期间就觉得她与众不同,并不是她的成绩有多出众,而是在打架时她能完虐全班任何一个人。另外,她的父亲也很特殊,首先比我们班任何一个同学的父亲年纪都要大,而且还留着长长的头发和胡须,他须发飘飘的样子给我们留下了深刻印象。时间一久,我们才知道她父亲是个文武双全的人,在过去的政局起伏中吃过不少亏,延误了婚姻,到晚年才抱养了这个女儿,便将其当男孩宠溺与培养。

我们离开校门后各奔东西,也少有联系,只是听说她当了漆匠。我能听到她的消息,并不是她做漆匠有名,而是因为她能打架。手艺人一般都起早上工,摸黑回家。那时的未婚男青年好像特别多,也特别能生事,常三五成群地聚在一起拦截调笑单身姑娘,可就是不敢拦截我这位女同学。每一次遇上,这些男青年都被她打得狼狈逃窜。

那时的漆匠使用的是混水漆,每件家具都要先抛光、刮腻子、打底色,然后再上几道漆,每一道工序都很考究,一层层漆水非常牢固地堆积在家具上,使用多少年也不掉漆、不褪色。这些家具只要不受过重的伤害,可以往下传很多代。另外,当时的漆匠还要具备一定的绘画功

## 漆 匠

底，除了在有的地方上金边外，还要在家具上绘制"竹报平安""荣华富贵""龙凤呈祥"等吉祥图案。在漆水上作画很有特色，我见过同学的师傅画过。当上完最后一道漆时，他拿出一块圆形的橡胶，东摁一下，西搽一下，线条用橡胶的边缘推一下，再将有的部位以毛笔蘸色漆或勾或填，一幅完整的图案就完成了，很是好看。我姐的嫁妆就是由他们师徒俩油漆的，30多年过去了，依然崭新靓丽。另外，我们这里传统民居都爱建马头墙，新房建成后，需要在四角八边画上八仙图。八仙有明暗两种。明八仙是人物，暗八仙是他们标志性的用具，如拐杖和酒葫芦代表铁拐李等。新房一般都画暗八仙，这些工作不是画匠就是漆匠完成，也有一些砖匠会画，就不用另请人了。

随着现代装修业的兴起，各种新型材料的进入，对技术要求也随之降低。传统漆匠做事考究，做工速度跟不上，慢慢被淘汰了。女同学师徒曾给我家做过工，加上同学这层关系，我比较留意他们的动向。听说她师傅在镇上开了一家玻璃店，常将当漆匠操持的绘画功夫用在玻璃上，生意倒是挺好。

时间过了差不多20年，我在本省美术家协会举办的一次会员作品展中，遇到久违多年的老同学。同学相见，自然亲热，在与她及美术界同行聊天时，大家都比较推崇她的作品，不过这个圈子没人知道她还有一身的好武艺和当过漆匠的经历。

# 染布

一次，电视上转播电影《菊豆》，看到画面上出现染房内高挂着各色的布料时，母亲觉得有些夸张，她说年轻的时候也染过布，完全不是这么染的。那时候穿的都是棉布、麻布衣服，麻布衣服不需要染色，棉布衣服一般都要染色，最多染成黑、黄、蓝、红色等，每一块布料只能染一种色，成不了花色。布料都是自家种的棉花、黄麻，收获后自己绩纺成麻线或棉线，再请机匠织布。除种植、收获、织布有男人参与外，其余几乎都是家中女人完成。家中有女爱俏，衣服要穿出花样来，就央求家中男性到附近山上或林子里去采集血藤、蓼蓝等材料，血藤可将布料染红，蓼蓝可将布料染成蓝色。有的人家菜园地里还栽了栀子花，尚未绽放的栀果可将布料染成黄色。

材料备齐后，一般选择在冬天染布，这项工作基本也由女性完成。她们将布与染料放在锅里，加水煮沸后，将颜色捣匀，再浸泡一段时间。之后由男人帮忙将染好的布或铺放在屋瓦上，或铺放在河滩上，经过几天几夜的霜冻，使颜色更为稳定，布料浆洗多次也不会褪色。当时，也有一些流动的匠人，挑着煮好的色水，上门为人家染布。由于少了霜冻，颜色很快就会败掉。

当母亲向我说明这些后，从衣橱里拿出一块蓝布来。这块布是50多年前，我的外曾祖母送的。晚年的外曾祖母穷困潦倒，虽与小舅爷在一起生活，生活勉强可以自理，可遇到出力气的浆洗就要指望别人了。尽管外曾祖母膝下女儿、儿媳、孙女、孙媳将近10人，可不是路远就是没时间，只有祖母偶尔还能照顾到。由于祖母是"解放脚"，走不了远路，这样的照顾便落到母亲身上。母亲在谈到这段往事时说，她最怕给外曾祖母洗被子和泡脚了。由于家贫，外曾祖母多少年都没置过床单，她常年睡的床单都是补丁摞补丁。在清洗这样的床单时，纤维以肉眼可见的速度从床单上随水流溜走。洗好后，稍微拧一下，放入熟米汤浸泡，摊在阳光下的团箕里，再用一块块同样浸

## 染 布

了熟米汤的大小不一的旧布贴在床单破洞上，等床单完全干透了，再以针线将补的地方固定好。母亲说那条床单在洗的时候根本不敢出力拧，防止纤维又增新裂痕。也只能等干透了再补，否则旧床单的强度太弱，根本经不住针线在上面穿梭。

在等床单晾晒的时间里，母亲还要给外曾祖母泡脚。外曾祖母的脚被裹得非常小，几乎不超过一个成年人的手掌。她的脚除大拇趾外，其余脚趾全被撅入脚底，形成"三寸金莲"。平日里，外曾祖母的脚被裹脚布一层层地缠后还套了一双布袜子。给她泡脚时，先将布袜脱了，打开裹脚布，恶臭像一记重拳袭向母亲。母亲每次做完这些事，至少有两顿饭吃不下。将老太太的脚泡好后，还要细细地为她剔去趾甲和腐肉，再帮她一层层包好。母亲曾问过老太太，为什么不将脚放了？老太太说大脚穿鞋废布，再说一旦将脚放了，旧鞋给谁去。

可能估计自己阳寿将尽，外曾祖母在一次母亲忙完后，拿出一块蓝布对母亲说："你们结婚时，我都没什么东西给你们。听说你们当时的新衣服还是借的。这些年可苦了你了。外婆没什么好东西给你，这块布是我年轻时染的,现在送给你,看能不能添点布做件褂子吧。"外曾祖母宁愿自己睡补丁摞补丁的床单,为了省点布料,自己的脚也不舍得放开,这块攒下来的布,分量有多重!母亲一直没舍得用。这块布料不到二尺,经纬线是那样明显,还布满许多小疙瘩,可这在当时是最好的料子。

# 杀猪

我们家一直在养猪,一旦将猪养得壮到站起来差不多有一米高时,猪圈里就会出现一头小猪。没几天,那头壮猪就突然不见了。原来是在我们上学的时候,有人上门买走了。到了晚上,我们家餐桌上会出现一道菜,满满的一锅面条煮肥肉,那是年少时吃得最舒坦的晚餐。在吃饭时,会听父亲介绍说某某还不错,自己去买猪肉时特意关照没给瘦肉。那个时候,一年难得吃上几顿肉,一旦买猪肉都挑肥肉,还要看卖肉的是否给面子。肉买回家后,先将肥肉切割成小块,放入锅中熬油,等那些肉外面一层呈焦色时,将油滗走,再往锅中加水煮沸。快要吃饭时,将面条放入锅中,盖上锅盖焖上片刻,我们称此道只见面条少见肉的菜为"焖肉索面"。这本是农家节俭的吃法,不知什么时候开始,这道菜进了饭店,名字改成"肉焖面",变成了一道高级菜,只是里面的肉不用熬油了。

父亲说的那个人我也认识,是公社食品公司专门杀猪卖肉的人,我们在上下学途中常遇到他。看见他的时候,他总是赶着一头壮猪。那头猪的一条后腿被拴上一根细长的绳子,一头在那人手中握着,他另一手拿着一个工具。那个工具很是奇怪,一根高约成年人的毛竹片,一头光着,另一头倒扣着竹编的筒。竹筒不过一尺来深,尖头,直径也不过尺把。我也见过他去人家赶猪的场景,他趁猪在吃食的时候,将绳子系住猪的后腿,被惊扰的猪狂奔时,绳索控制着猪的速度,竹筒控制着猪前进的方向。一番较量之后,猪只能乖乖听他的指挥。等出了村口上大路时,猪会顺着大路往前走。一旦速度慢下来,竹筒的另一头会落在猪臀上,吃痛的猪就往前紧走几步。猪被赶入食品公司后做上记号,次日杀的时候由卖家见证并领回售猪的钱。卖家为给家里人打牙祭,顺便买上斤把回家做焖肉索面。

我小的时候,农家养猪、卖猪正常,杀猪倒不常见。杀猪的场景只有等我们放了寒假,准备过年时才会出现。

# 杀 猪

这是杀年猪，猪肉也不是全部自家消化，除了少量的送一些给没有养猪的亲戚之外，绝大部分也卖出去了。平时只有村里有人家办婚丧嫁娶、造屋庆寿等大事，需要举行一个较为隆重的庆典时才会杀猪。

杀猪是技术活，须由专人操作。

请人杀猪需事先约好，由主人将杀猪水烧开。两位杀猪匠一到，放下工具直奔猪圈，也不知用了什么样的技巧，再顽劣的猪都能很快就被这两人控制。他们将猪摁在地上，其中一人拿出长长的尖刀，对准猪的颈部刺进去，猪血像喷泉一样涌出，流入事先准备好的放了少许盐的盆中。血流尽，猪命已去。随后猪被扔进椭圆形的杀猪桶中，猪的身下还需垫上粗绳，边以粗绳带动猪，边以水瓢将烧开的杀猪水舀入桶中。升腾的热水冲在猪身上，空气中立即弥漫开一种特殊的气味。

当死猪身上冒着腾腾热气时，杀猪匠再次开刀了，一人拿着比家用菜刀稍小的刀子在猪身上刮了起来。猪毛随刀起刀落不断落进桶里，身上也开始白皙起来。另一人则用一根树桩一样的物件，在猪的背脊处倒腾，那些粗毛也应声落地，这就是猪鬃，可以卖给专业人士做刷子。两人

手脚麻利,没多久,裸露在猪背脊上的毛就差不多褪尽。两人又将猪抬起来,让猪横趴在桶沿,一人继续刮猪毛,另一人用钩子将猪蹄子的硬壳钩掉,以一木圆塞塞住颈部的放血口,在一条后脚划上一刀小口,用一根细长的通条顺着小口攮进去。通条通过猪脚进出了好几次后,抽了通条,将嘴凑上去,开始对里面吹气。随着杀猪人的嘴一吸

## 杀 猪

一鼓，趴在桶上的猪以肉眼可见的速度胀起来，浑身上下变得圆鼓鼓的，两条腿也绷得笔直。那个吹气的人也停了下来，用一根细绳将通气的腿紧紧扎住，也拿起一把刀刮起猪毛来。

猪毛褪尽后，杀猪匠就嘱咐要放鞭炮了。这时，父亲就拿出鞭炮开始点着。鞭炮在屋外放，母亲则在屋里哭诉，大意是这头猪在家健健康康成长，没给自己添过多的麻烦，杀它也是为了生活，希望它来生别投胎猪，也寄希望它能保佑来年的猪长得更好，等等。母亲带着哭腔，却不流泪，甚至还会笑出声来。平日里最吸引孩子的那些没燃尽的鞭炮也不再诱人，我们全跟着杀猪匠，看着褪毛后的猪被一劈两开，耐心地等他们处理猪内脏。杀猪匠心领神会，在清理到猪尿脬时，会细心地将尿液放出来，用水冲了扔给我们。谁能抢到，这个便属于谁，而后找到口子对里面吹气，这就成了我们儿时玩耍的气球。这样的气球是玩不长的，再加上小孩多，没过多久便在哄抢中破裂了。于是，大家又将眼睛盯着下一个杀猪人家。

晚上，我们就能喝到杀猪汤了。杀猪汤是用猪血、猪腰、猪肝等煮成一锅汤，家里就近的亲戚都被请了来，条件好的还会备酒，再配以其他蔬菜和个把¹荤菜。大人们喝酒聊天，小孩们喝汤吃饭，直到将小肚皮撑得圆鼓鼓的。夜，逐渐往深处走，疯玩了一天的小孩，早已进入梦乡，大人们还在盘着当天的账单和分配剩下的猪肉。

在饲料进入家庭养殖业后，人们总是对菜市场的鸡鸭鱼肉持怀疑态度。特别是生活水平日新月异的今天，人们更是怀念过去的岁月，回味自然成长的鱼肉香味。餐桌上的纯天然食品，只有在农村才能出现。农村的蔬菜自己种植，平时吃的荤菜除了猪肉可能基本靠买了。农村杀猪习惯仍在继续，杀猪的过程却发生了变化。比如，现在也不需要杀猪桶了，现在的猪吃得好，膘肥体壮，毛质疏松，开水冲一冲就能顺利刮下来。在刮猪毛前的吹气也省略了，以前的猪与人一样缺食少粮，长得皮挂挂²的，如不将肚皮加气鼓起来，无法顺利刮毛。

这些年来东奔西走，吃的东西也多了，却觉得只有猪头肉最好吃。每年都打电话给养猪的亲戚，叫他们将猪头

---

1 个把：方言，意为少许。
2 皮挂挂：方言，形容柴瘦。

## 杀　猪

留给我。等褪好毛的猪头一出来，我就拿一口大缸将其腌了。过上一段时间拿出来晾干，而后放在锅里用清水煮熟，把肉用刀剔下再切成肉片，存在冰箱里。想吃了，便取出一些加热，味道绝了。

也许是偏爱猪头肉的缘故，我也爱收集有关于猪头肉的故事。据说很早的时候，有的地方将猪头用来抵杀猪匠工钱。有的地方举行重要的祭祀活动时，煮熟的猪头是必不可少的祭品。还有旧时新人成婚后，要送猪头到媒人家答谢。成婚的新人送完猪头后，基本便就此割断与媒人的往来了，这就叫"新人娶进门，媒人甩过墙"。

# 石匠

有一次,被几个人怂恿着,去了一个隐藏在大山深处的古老村庄。这个村庄绝大多数住房都以石头建成,墙是石头砌的,瓦是石片连的,连村中道路也是石头码的,有的人家甚至部分生活用具都是石制的。我们如同走进石头的世界,进了石头的海洋。在石头的世界里,时间似乎静止了。只有那一条条弥漫着精工力量的石缝中,那些由青到黑、由黑转青的苔藓上,依稀滚动着岁月的年轮。我们好奇地问村中老人这是何时建起的房子,他们都异口同声地说是祖上传下来的,也不知什么时候建的,反正很久。

这个村里出石匠。因环境和职业关系,这里几乎人人都会摆弄石头,人与石头的关系升华到极致。

# 石　匠

在我的生活中，好像与石头的关系不是特别紧密，只有在少时过年时，似乎才能用上与石头相关的工具与设备。那时候，每每进入农历腊月，就觉得时间一天比一天紧张。这种紧张气氛主要来自各个家庭，比如豆腐要做了，灌芯糖要熬了，酥糖要折了，饼子要做了……所有的东西都围绕一个"吃"字，也就是将自家田里地里长的粮食、蔬菜，通过不同的加工方式，加工成各种各样的熟食或半熟食。原辅料都由各家自备，在加工过程中自然涉及各种各样的工具与设备。有的设备是自备的，有的设备基本是几家共有的，比如石碓、石磨。我家好像没有与石头有关的设备，只能借用了。

石碓，村里只有一座，还是"大呼隆"时置下的，固定在不过 20 来平方米的碓屋里。碓屋里除了碓臼和碓架等必不可少的设备外,还有一对棺材杠,这也是集体共有的财产。碓不易挪动,自然不会丢;棺材杠是用来抬棺材的,凡是沾上死人的东西,人们也觉得忌讳,自然也不会贪这样的便宜。这座碓屋在平时不用时,被就近的村民占了,堆放闲置的农具。如是谁家要用,就自行清理,当然谁家堆放的还要归还谁家。

我家常用的石磨尽管不是自家的,似乎也有份。这座石磨好像是祖传的,存放在我叔叔家。每到腊月,我们姐弟几个好像有很多天都不得不待在叔叔家,磨米、磨面、磨豆子,有很多完整的东西,被两片石头研磨得粉碎,推磨人基本都是半成年的我与弟弟,添磨的多数是姐姐。在磨的所有东西中,我最怕磨黄豆了。那种被浸泡了整天的黄豆,使磨盘变得像泰山一样重。但我们不磨不行,父亲兼着裁缝,到处有人请他做衣服,整天吃住在人家。就这样,在母亲的恩威并施下,我与弟弟不能不去推磨,姐姐也与我们一样,整日被绑在磨盘边。

那时候,村里有磨的人家很少。叔叔家的磨整天在忙,一个腊月过后,两只磨盘如同一位掉光了牙齿的老人,仅剩一条缝隙地合在一起。我们就爱用没齿的磨,将

石　匠

食料填进去，没齿的磨在我们手中轻快地转动着，省了好多力气。可这样磨出来的东西不细腻，等母亲过完筛后，还要在不断返工中延长推磨的时间。

春节过后，就有石匠上门了。当村头传来"锻磨哦——"的吆喝声，奶奶就循着声音将人找来。石匠是个中年人，他叫人帮忙将磨架及磨盘一道抬到院子里，坐在磨架上，用一条毛巾将头包了，一手拿着小钎子，一手握住锤子，沿着原来的磨齿凹槽，叮叮当当敲起锤子。随着声音的起落，磨齿凹槽更为清晰了。等叔叔家的磨凿好后，另一家可能要来叫了。

有一年，这位石匠到我们村的时候，巧遇一户人家盖新房。雇主与砖匠商量后，就请了这位石匠码墙脚。只见石匠拿起铁锤，将一个个没了形状的大河石规整得听了话，严丝合缝地站成一条。不怕不识货，就怕货比货，石匠没来之前由砖匠理[1]的墙脚就像一只丑小鸭。新房建起来了，外墙被石灰粉了个严实，倒也看不出墙脚的差异。时隔多年，房子的石灰斑驳了，脱落的石灰下后依稀可见

---

1　理：方言，码的意思。

两种手艺的差别。这斑驳的墙也见证了我们的生活从自行加工转向了直接购买的过程，石磨、石碓退出了历史舞台，那些新兴的加工机械替代了传统的手工，加工速度提升了，周期也短了。现在，人们想吃糖、饼、豆腐时，都直接去买，谁也没想过自己动手做了。即便有人想享受加工过程，或是私人订制，也只是将配好的食物放入各式各样的机械中。

　　我不知道那位常到我们村的石匠是不是来自这个石头村，也不知道在随着石磨、石碓渐渐消失在人们生活中的现在，那些石匠以何种方式生存了。直到前不久一位朋友从自家山上发现了大量的砚矿，恢复了宣砚的加工，招收了很多的工人。我去看了，一打听，才知道朋友招收的工人中，有好几位就是当年的石匠。他们将原来赋予普通石头的力量转向砚石艺术。从此，砚石因他们而焕发出不一样的生命与价值来。

# 狩猎

我们村东边有一条大河、两条小河,河滩上长满了大大小小的树,再加上村周围的树林,成了我们村所有家庭大部分薪柴的来源。每逢节假日,我们姐弟会在母亲的指令下,挑着粪箕拿着竹耙到树林里耙松针、树叶,这些东西都是家里的极好的引火柴。耙的时候,偶尔会从林中窜出一只野兔,惊得我们一跳,看着野兔从我们身边急促而过,我们最多只能将手中的竹耙一掏。野兔太快,根本不是我们的猎物。

这些野生动物在缺衣少食年代里,自然被村里人惦记。其中,有几人也不知从什么地方搞到黑火药和钢管自制了猎枪。每天黄昏时分,他们游走在那些大大小小树林里。我们在家中偶听得远方一声响,猜想定有猎物又倒

在他们的枪口下。我们当地称这些土枪为铳，称这些人为打铳的。我见过这些铳，都非常的简陋。枪托以坚木制作，也无所谓长短。枪管绝大多数以自来水镀锌管制作，一头封上并留有小孔，镶嵌在枪托里。枪托握手的一方留有小方槽，以一铁质的方块替代枪栓，枪栓下有带弹簧的扳机。打枪之前，先将枪管里装上黑火药和铁砂，固定好一张火炮子，遇上猎物，瞄准后扣动扳机。扳机带动枪栓，撞击火炮子，炸裂的火炮子带着火星，引发枪管中的黑火药。黑火药点燃后，急剧膨胀，冲出铁砂。铁砂飞出枪管，一条直线地击中猎物。也有讲究的猎枪，枪管以钢管制作，扳机也装有弹簧，弹簧连接着铁制并有弧度的被他们称为"老鸦嘴"的装置，老鸦嘴对着一根空细管，细管又连上了枪管。打枪之前，也是装上黑火药和铁砂，再将老鸦嘴前方的细管上装上了黑火药，再以火炮子堵上，轻轻合上老鸦嘴。进

# 狩猎

入树林，就将老鸦嘴扳开架在旁边卡槽上，遇上猎物，扣动扳机，老鸦嘴打在细管的火炮子上，火炮子引燃细管和枪管中的黑火药，完成枪击。

相对来说，带有老鸦嘴的猎枪要安全得多。我们村最多的时候有近十杆猎枪，只有一杆带老鸦嘴。这杆枪一看就是有年头的。长长的枪管，嵌在枪托里的部分明显要比外面的粗。枪托被摸得油光光的，也不知用了多少年了。据枪的主人说，这杆枪是祖上传下来的。我猜想这杆枪应该是战争年代留下的，这杆猎枪的前方肯定倒下过人。村里的其他后制的猎枪就没这么安全了。我有个儿时的玩伴就有一把，在试枪时，枪炸膛了，将他的手炸得鲜血淋淋，当时就哭着问旁边人："我的手是不是没有了？如果没手了我只好去自杀了，没手多难受呀！"好在他的手还在，只是受了点外伤。

这一次受伤，让他好几个月干不了活。伤好后，完成了枪的修复。完善后的枪果然好用，帮他俘获过不少的猎物。可天有不测风云，在一天夜晚狩猎中，枪栓出了问题，黑火药没有冲走前方的铁砂，却反方向冲开了小孔，燃烧的黑火药喷伤了他的一只眼睛。当晚，他被送到镇上的医院，请医生给他清洗了很久。次日，又上县医院再次清洗，终于保住了他的一只眼。遗憾的是这只眼由于受伤过重，视力急剧下降，不得不戴上眼镜，同龄人常开玩笑地叫他"知识分子"。

就在他受伤没多久，当地派出所开始没收民间的枪支。他那杆再也不敢用的猎枪，连同村里那杆老枪一道被收走了。村里没了枪后，野物开始多了起来，所有挨着树林的田里、地里的庄稼少了很多收成。于是，人们开始用更土的办法对付林中的野物。绳子与竹的联袂，再加上陷阱，这些东西被安进树林后，我们就不敢到林子里耙柴了。没过多少年，开始烧上蜂窝煤的村邻也不再需要引火柴了。就在人们大量将蜂窝煤换成液化气时，我的这位玩伴又出事了。也不知他从什么时候开始琢磨，居然偷偷地制作枪和子弹，不仅自己打猎，还将自制的枪卖给了别人。自然，他去了该去的地方。

## 說書

知道说书还是从听故事开始,小时候奶奶给我讲公子落难,小姐讨饭,最后大团圆的故事。村里也有老人经常对小孩讲鬼怪故事,有时候也有人教我们说民谣:"三十夜,月亮上;做贼的来偷辣椒陆蔬[1]秧;瞎子看见了,聋子听到了,哑巴叫一声,瘫子追到了,瘸手[2]的捉到了……""姆妈拜堂我烧锅,哥哥出世我摇窝……"故事和民谣也不知重复了多少遍,可我们总乐此不疲。白天大人们也没时间讲,我们只能晚上到大人集中的地方去听。农村的夜晚漆黑一片,根本没有路灯照明,想去听,

---

[1] 陆蔬:方言,茄子。
[2] 瘸手:方言,没手的残疾人。

可又被臆想中的鬼怪吓得不敢出门。故事讲得最生动的那人是隔壁村子的,他们村有田地距我们村比较近,常在干活间隙到我们家歇凉。歇凉时,他就开始绘声绘色地讲故事。偶尔,也有人递上一支香烟,可进入角色的他常忘了嘬上一口,劣质香烟灭了,等他想起来时,又要重新续上火,浪费一根火柴。火柴是我们家的,精打细算过日子的母亲见到他划火柴的样子,表情就不自觉地丰富起来。

那时候的文化生活单调,尤其在农村。偶尔也能来上几个走村串户的艺人,他们拿着鼓,联系了村干部,晚上在村里晒场上,将鼓支起来,先是紧一阵慢一阵地敲上半天,等村里人聚得差不多了,鼓点稀疏时,开始唱起来了"白素呀贞呀……"我们也就看个热闹,后来才知道那人边唱边敲的是《白蛇传》。

## 说　书

讲故事和评书我们都笼统地叫作说书。无论是讲传奇，还是讲神怪故事，说得生动了就有人听。几十年前，我在读初中时，由于离家比较远，午饭只能在学校食堂吃。饭后，我喜欢上街到处转。那时的乡镇街道只有一条稍宽的土路，土路两边是大大小小的房子。这些房子中就有供销社，供销社有图书专柜，陈列了很多书。我们尽管看不到里面的内容，花花绿绿的书皮也能望梅止渴。也不知是谁告诉了我们一个信息，称隔壁油厂更好玩。从此，我们就将玩的阵地转向油厂。

油厂根本不像一个厂，厂房是一幢三进的老房子。最里面一进榨油，中间一进是仓库，前边一进是门面。门面放着几只装满了油的桶，油桶旁是菜籽饼。这些都以一个长柜台隔着，紧挨着柜台的是三张桌子，每张桌子旁都有人，有个女的是同学的妈妈。另两个是中年人，其中一人每到中午就从抽屉里拿出自己的半导体收音机来，打开收音机后，刘兰芳的《岳飞传》就这么出来了。刘兰芳的声音就是好听，男声、女声、马蹄声，随口就来，而且还那么逼真，迷得年少的我们挪不动脚了。那时，语文课上正好有一篇文章叫《口技》，文中将京城那位擅长口技的人描述得那么高超，等我将整篇文章搞懂后，觉得刘兰芳模仿得水平差了一些，但讲的故事就是好听，一下子就将隔壁村里的那人比下去了。

随着电视的普及，终于在一年的春晚中看见了刘兰芳，这才知道她是女性。后来又陆续知道了单田芳、田连元等说书大家，看见他们在电视里的表演，就觉得小时候听的那些所谓的"书"根本不是书了。

# 弹棉花

现代人的生活真不错,天冷下来,有品种繁多、五颜六色的腈纶被、羽绒被,盖上一床就行,既轻巧又保暖。如果天冷,打开空调调好温度,便暖和了,现代科技文明将季节和区域间的差异缩小了。可能是习惯的使然,我家床上铺垫的还是棉被。

家里的棉絮是我结婚时父母置办的,20多年的岁月,洁白、柔软的棉絮泛了黄,成了一块硬硬的光板。为了将这块惨不忍睹的棉光板"刷新"一下,我走街串巷地寻找棉花匠。好容易找到一个偏僻的墙上写了"拆"字的旧房前,里面传来机器的轰鸣声,房前竖一块硬纸板,手写着"弹棉花"三个大字。终于,陈旧的棉絮有了去处。

新棉絮弹好后,却总也找不出过去手工弹的感觉。当

年的棉絮白白软软的,固定棉胎的是棉线,纵横交错成六边形的网,而线与线的交错处,能肉眼看出每一根交错的先后。在线与线中间嵌有红的、黄的、绿的毛线组成的"心心相印""百年好合""囍"等字样,很有层次感,有的还缀上几朵好看的花样。而这床新棉被,颜色还是那样黄,好像棉絮中的陈年灰尘并未清除尽,固定棉胎是由一个个方块组成的整网。好在棉絮软了一些,也算是给了我辛苦寻找后的些许慰藉。

看着这床棉絮,思绪一下子飘回40年前的一个秋天。那一年,村里刚刚分田到户,我们家棉花丰收了。那一朵朵白色的、毛茸茸的花,经我们全家的手,从地里的棉花秆上一个个开苞的桃子小口里摘进了家门,晒干水分后送去了供销社。棉地里幼小的再也不能吐蕊的棉桃,在棉花秆供不出养分的时候,棉桃连同秆子一同拔起,由我们姐弟仨将一个个棉桃摘下来,晒上几个太阳后,无论是否被

## 弹棉花

阳光晒开裂，都被我们一一剥开。这样的幼棉还带着母体的汁液，黑的、黄的都有，还有的散发出一种怪味。这种杂色棉花晒干后，才是自家用的。这些看来有些丑陋的幼棉，被送进了轧花机，完成棉籽与棉胎的分离，棉籽成了喂耕牛过冬的精粮，棉胎则加工后做成了棉絮或棉袄。

我们姐弟逐渐长大，需要分床了。趁当年棉花丰收，父母专门请了一个棉花匠，为家里添置几床棉絮。棉花匠一进门就将家中两扇大门卸了，放在堂屋中架好的长条凳上，过好秤的棉胎被铺陈在门板上。棉花匠从工具包里拿出一条绑有干净鞋底的绳子系在腰上，用一弯弯的竹竿一头插在绳子里，另一头连上超大的像古代打仗的弓上。弓臂上有一个小环，竹竿上有细绳，细绳将竹竿与弓臂相连。而后，将弓弦抵住棉胎，拿起像手榴弹形状的木槌敲打在弓弦上，弓弦开始"嘭嘭锵锵"地歌唱，棉胎在歌声中跳跃。在棉胎的跳跃和弓弦的抖动中，开启了一天的弹棉花之旅。

棉胎被弹松后，体量变得极为庞大，堆在门板上像一座松绒绒的白色的方形小山，棉花匠开始在小山上布线。因为需要帮手，我便上了阵。棉花匠将弓卸了，拿起一坨塔形棉线，将其放在堂前的一尊柱础上，又在柱子上插上一把剪刀，将塔子线从剪刀手柄的洞中穿过，再穿过他随着工具带来的留有小洞的竹竿上。棉花匠挥舞着竹竿，叫我隔着门板站在对面，将棉线递给我。我只要按照他的指引，将每根棉线留有一指宽的幅度按在松绒绒的棉胎上。当棉线纵横斜拉地布满整个棉胎时，线就算放好了。我配合得不错，得到棉花匠的一声称赞，满足了我年少的虚荣心。

这时，棉花匠将一个木头制作的盾牌拿了出来，放在刚刚用棉线拦住的棉胎上，单手握住盾牌在棉胎上做按摩，另一手辅助稳定好盾牌，眼看着小山般棉胎随着盾牌的推摩而逐渐变矮。矮到一定程度时，棉花匠一个翻身就上了盾牌，两脚踩着盾牌的边缘，腰身扭动，盾牌被双脚带着移动，按摩速度快了，棉胎被压下去的力度更大了，不过这样很容易造成棉絮走形。一般来说，主家不太倾向于弹棉花的人这么做。因我家不仅要弹好几床新絮，还要将不知睡了多少年早已发黑的棉絮翻新，为节约时间，棉花匠采取了这种方式。两天后，无论新棉还是旧絮，都在棉花匠手中涅槃重生。

除了本地人弹棉花,也有一些温州人上门弹。他们大多结伴而来,有兄弟档,也有夫妻档和兄妹档。最受欢迎的是夫妻档和兄妹档,压棉胎时,两人在上面扭动,能将一场了无生趣的压棉演绎得如同舞蹈,尤其是女性的婀娜,引得村里的老光棍争相观看。

# 淘粪

多少年前,我有一段时间居无定所,只能租住在县城一隅,在日长日短中,睡觉、做饭、洗漱等所有与生活有关的事项都在一小间屋里完成,也在这间屋里迎来了我儿子的出生。每天清晨上班,我在骑车到单位班车停驻点的途中,总会遇到一辆辆手拉车,被一队人艰难地拉着,沿途留下一条条泛着色的水线。水线或粗或细,久久散发着粪便的臭味。手拉车仿佛一个模子铸出来的,木结

## 淘粪

构的车长长的，上面架着一只椭圆形大木桶，这就是粪车了。粪车上还有一担常见的粪桶，再配以粪瓢与扁担。当我遇见他们时，他们已将县城里的公共厕所都掏了。整个县城居民头一天的排泄物被装入粪车，拉到城郊，倒入农家自备的粪窖里备用。看见粪桶旁边洇湿的痕迹，从小生活在农村的我知道没有好几担不会出现这样的效果。正常一两担是不会将粪桶旁边洇湿的，除非那人是个生手。

小县城没有专职的淘粪工，也产生不了"宁肯一人脏，换来万户净"的典型人物。这些淘粪工都是城郊的菜农，他们每天凌晨起床，拉着大粪车赶往县城的各大小公共厕所，赶在人们上班之前，将粪车拉回家。一旦县城的人开始上班，影响交通不说，还遭人白眼与谩骂。可是谁也没想过，如此之多的秽物难道就没有自己的一份子吗！如果不是他们，公厕里岂不要堆积成山？细细想来，前几年有尚未改造公厕的旅游景区，无不被其肮脏的环境和熏天的臭味降低了景区的品位。这可能是县城第一次改造公厕后的成果，所以才会出现如此集中的运输。

在很久以前，无论住在乡下还是县城的人都知道，几乎每家每户都要留两只大缸和两担木桶，一只缸安顿在厨房，缸的半边以倒扣着水桶遮挡灰尘，另一半则盖上木盖，上有水瓢。每天清晨，家中劳力将倒扣着的水桶拿出，以扁担肩着，到附近大河往返几个来回挑上几担清水，直到把水缸注满。这就是全家一天的生活用水。另一只缸和桶则需用一间专用的小房来安置，便是家庭另一重要场所——茅厕。那只不幸的缸便成了粪缸，那担木桶也不幸地成了粪桶。平日里，粪缸上架着两块厚木板，中间留一条宽宽的缝，便于家人大解；粪桶就在粪缸旁边，便于家人小解。每天凌晨，起夜用后的尿壶、尿桶、尿盆从各房间或端或拎而出，倒入粪缸。这些粪水令人作呕，肥菜园却是好东西。居家过日子，有很多人在野外干活，还尽量将大小便拉在自家粪缸里，所谓"吃家饭不拉野屎"指的就是这个。

从前县城不大，居家过日子都要设法弄个菜园子，以满足自家大多数蔬菜的供应。在侍弄菜园时，各家的茅厕就是肥料的来源。这种肥料也不是取之不尽的，一旦不够时，会以清水冲洗。冲洗粪缸后的水也是肥水。更有菜园地多的人家，会到油厂将陈年菜饼买来，碾碎后放入粪缸，与粪水一起融合后变成绝好的肥料。当然这样的处

## 淘 粪

理，会让粪缸的臭气弥漫得更远、更持久。

县城里有一些孤寡老人，最为难办的就是那两只缸。早晨水缸没水，过上一段时间粪缸也满了。这些事发生在农村还好，不是沾亲就是带故，村邻们就能帮着将清水挑回家，一缸水能用好几天，粪水也能留给帮衬的人肥田肥地。城里则不行了，左邻右舍可能是新住户，冷不丁请人也不好开口。以粪交换，一个人也产不了多少，即便积攒不少了，也许就有人半夜将缸挑了，浇了自家的菜园地。于是，县城就出现了一些好心人，他们利用早晚时间，将自家水缸灌满后，再多花一些时间，挑水往周围的孤寡老人的水缸里倒。在侍弄自家菜园时，也将孤寡老人的粪缸清了，倒进他们家的菜园里。这些热心人中就有一位，除了正常上班外，还坚持了很多年给县城孤寡老人挑水，尽管名头远没有时传祥大，但他的精神也感动了那个时代的小县城，被推为劳动模范。

80年代，随着自来水进入城区后，县城的体量也大了，住房与人口多了，住户种菜的却少了，公厕从每个单位、每个居民集聚区布开。这样的公厕分前后，前方与人方便，后方是一个大池。前方的排泄物顺着道口进入后方粪池,这里也成了淘粪工主要活动场所。随着社会的发展,小县城也在不断加大旧城改造力度,很多住房被重建。到了新世纪,重建后的住宅里,都有了卫生间,抽水马桶将排泄物与往事都远远地冲走了。已变得更像城市的小县城,连公共厕所也改成水冲式的,曾经夹带着异味的县城从此干净了。与此同时,人们却在餐桌上唠叨起来,盼着不上化肥农药的蔬菜再次进家。

# 剃头

　　我住的地方是一个新建的小区，随着入住的人户增多，生活设施也相应配套齐全起来，不出小区门就能完全满足日常家居生活。早几年有一个洗浴中心进驻，酒店、宾馆更不用说了，随便往哪边一走都能遇到。最近有一个KTV也开到了小区旁边，每天晚上总有一些关不住的音乐流出来。这样的环境，我感到很满足，可只是有一点，理发不太方便。小区并非没有理发店，甚至有好几家，出门往东走并排的有两家，往西走也有一两家，只是我无法认可那些所谓理发师。发廊里整天放着音乐，理发师剃头时要不板着脸，要不就是推销各种洗发水、染发剂、会员卡。看着他们，我越来越怀念往昔的剃头时光。

　　我们村一直称理发为剃头，理发师就叫剃头匠或剃头

手艺往事

## 剃 头

的。小的时候,头发长长了,从来就不用出村剃头,因为有个剃头匠每过一段时间就来挨家挨户地服务,将我们长长的头发理短了,常年清清爽爽。他来时,手拎一只小木箱,大小如同现在的电脑包,悠悠晃晃地出现在村口,而后逐家逐户地走访。每到一家无论有没有要剃头的,都要停留一下。他经常来,村里人对他都很熟悉,即便不理发也能拉上几句家常话。到了我家,母亲便大声挨个呼叫我们兄弟的名字,先到的先理。剃头匠端出一条长板凳,叫我在板凳中间坐了,先将我的衣领解开一个扣子,向里卷好,再将木头箱子放在一边的桌上打开,拿出一块大大的围布将我的颈脖下围住,围布沿着衣领往里卷。一切弄好后,从木箱里拿出推剪,沿着我的耳朵往上推。等两边耳朵边都清理好后,再将推剪移向后脑勺,最后再修理额头。等头发都理整齐后,到洗脸架上拿上一脸盆,在脸盆里放上洗脸毛巾,再到厨房取水,熟悉得仿佛是在自己家一样。他将兑好冷热水的脸盆端来后,放在板凳的一头,叫我用双手扶住脸盆边沿,两脚叉开坐在长板凳上,伸着脖子低着头来洗头。等我到了十几岁,就可以如大人一样端坐在长凳上,只是将身子稍稍侧移一下,歪着身子就能将头洗了。这个环节,如是母亲不忙,她会将温水准备好,适时端到我剃头的地方,等剃头匠将我的头洗完,她再将脏水端走倒在屋外的排水沟里。

头洗好后,剃头匠从木箱里取出一小条荡刀布,挂在长板凳的一头,又从木箱里拿出一把刮刀,在荡刀布上将刀的两边反复荡几下,然后在我刚刚推好的头发边沿刮起来。等我们稍稍成年后,他会沿着额头开始刮,将整个脸都慢慢刮好。就在他的刮刀离开我的脸部时,一阵凉风吹来,整个脸上的毛孔倏地张开,舒服极了。由此,我居然爱上了剃头,而这,完全是因为爱上刮脸后的感觉。只是有一次被母亲看见,她毫不客气地阻止了剃头匠的行为,原因是我那时候没长胡子,母亲说要是经常这么刮,会导致毛孔变粗,成年后胡子也会变粗。母亲的这种论断导致我至今理发时也不再想刮脸,如今,虽已年过半百,毛孔却不粗,也许是天生,也许是母亲的观点得到了验证。

从小到大,我居然不知道在理完发后还需要给钱。主要是我们全家理发的差事,全由父亲在年前就与剃对匠达成了协议,他把我们承包了,这种方式称作"剃包头"。

# 剃 头

这位剃头匠一直陪伴着我完成了幼年、少年的生活，而我一直称他为哥哥。我们是坐着长板凳剃头，而给新生儿剃头则得由其父母抱着。这是最有意思的剃头了，也很考验剃头匠的功夫。先用热水将小孩头洗了，小心翼翼地拿着刮刀将小孩毛茸茸的头刮干净后，又拿出一只鸡蛋在小孩的头上旋着，边旋边念叨着："鸡子圆[1]，鸡子光，鸡子一抹光，不生癞痢不生疮，头发胡子葱根样。"小孩的妈妈听得笑呵呵，从口袋里掏出一只早就准备好的红包。小孩第一次剃的为"胎头"，收受红包是最正常不过的事，剃头的自然不客气地接了。第二次剃的时候，就进入"包头"行列了。也有人在田间地头干活时遇到了，也会叫他剃头，就着田沟里的水洗头，也没人觉得田沟里的水洗头不卫生。他有个好技术，也有个好性格，每一次剃头总能与我聊很多话。他给别人剃头也是，总能与人聊到一块，难怪有俗语形容"剃头的嘴，澡堂子水"。

对他的好印象保留了很多年，却有一次偶然发生的事

---

[1] 鸡子：方言，指鸡蛋。

让我对他心生恐惧。那次，他带着一个比我大不了多少的青年到我们村来剃头，那个青年戴着当时比较时兴的军帽，我知道那是他的徒弟。没想到他对徒弟的要求极严格，徒弟一个动作没到位，他一个巴掌就抡了过去，将徒弟的军帽打落在地。那个耳光太重了，徒弟眼睛里闪着泪光，军帽躺在地上，他连望都不敢望一下。这些都被我看在眼里，我才知道这个剃头匠平日的和蔼只是一面。

随着我参加工作，离开了家乡，也就离开了那位剃头匠。后来结婚生子，将家安在了外地，几年也见不了那位剃头匠一次。只是每次理发时，对剃头匠的回忆总会倏然闪过。最近几年，父亲的身体有些不大好，我一有时间就要去看望他，便有了机会去找这位剃头匠理发。我从父母家骑车到他那里，才意识到一晃眼工夫他都六十多岁了。我问他现在还走村串户理发吗？他说没有，这些年来找他理发的人少了。尽管这里也添置了不少工具，可现在人追求时尚，各种各样的发型都有，还有数不尽的花样，剃头已经不是简单的事了。他这种守着传统的人，生意自然就下滑了。

而此刻的我，一边与他聊天，一边享受着他地道的手艺，舒服的刮胡子的手法，尽管环境不怎么样，低矮的房子，简陋的设施，可带给我的享受来自心灵深处，来自那远去的旧时光。

# 挑牙虫

一次,我去县城里一家饭店赴约,突然有位年约五十岁的服务员跟我打招呼,我有些恍惚地应了声,却认不出她来。见此,她有些不好意思,自我介绍是当年父亲供职学校所在村子的,我有时会去学校,所以村里的人绝大部分都知道我。一番偶遇,彼此都很高兴,趁着饭店此时人少,我们聊起天来。

她是外嫁过来的,娘家距这儿很远,即使现在通了高铁,也要乘坐三个多小时才能到。按照当年不从远处嫁娶的习俗,她应该很难有机会嫁到我们这儿的。我好奇问起,她便说其父母年轻时基本都在我们这一带做手艺,父亲磨剪子抢菜刀,母亲挑牙虫。这倒也是,以前的磨剪子抢菜刀与挑牙虫的都是一前一后,一般都是夫妻二人联合走村串户。每到一个村子，妻子在前方叫"挑牙虫呀"，丈夫在后面接音"磨剪子啰抢菜刀"。当然，也有单行的挑牙虫者，常被一些男性打趣，一旦她们吆喝"挑牙虫呀"，后面就应着"磨剪子啰抢菜刀"。走江湖的都泼辣，遇上这种人，挑牙虫的会调动所有的词汇向应声者倾泻，直至将人骂跑。

在以前，百姓但凡遇上头疼脑热，都请当地土郎中看病，由郎中望闻问切后，开上一个药方，到最近的药店去抓中药，返家后熬成药汤服下。整个过程可能要花上一两天的时间，有的甚至时间更久。遇上急症，郎中来不及上门，或者药还在路上，病人就撑不下去了。于是，便有了慢郎中的说法。这不仅指郎中看病慢条斯理，更多的可能还是指从看病到服药的时间长。尽管那时候的郎中看病不分科，遇上什么病就治什么病，但唯有两样他们是不承担的，这两样就是看牙病和给孩子接生。"牙疼不是病，疼起来要人命。"于是，就有了专门挑牙虫的职业。

我见过挑牙虫。母亲年轻时有一颗牙齿总疼，常疼得彻夜难眠，郎中看不了，乡镇医院只是给一点止疼片，又没钱到县城去看病，只能在家耗着。当"挑牙虫"的吆喝

手艺往事

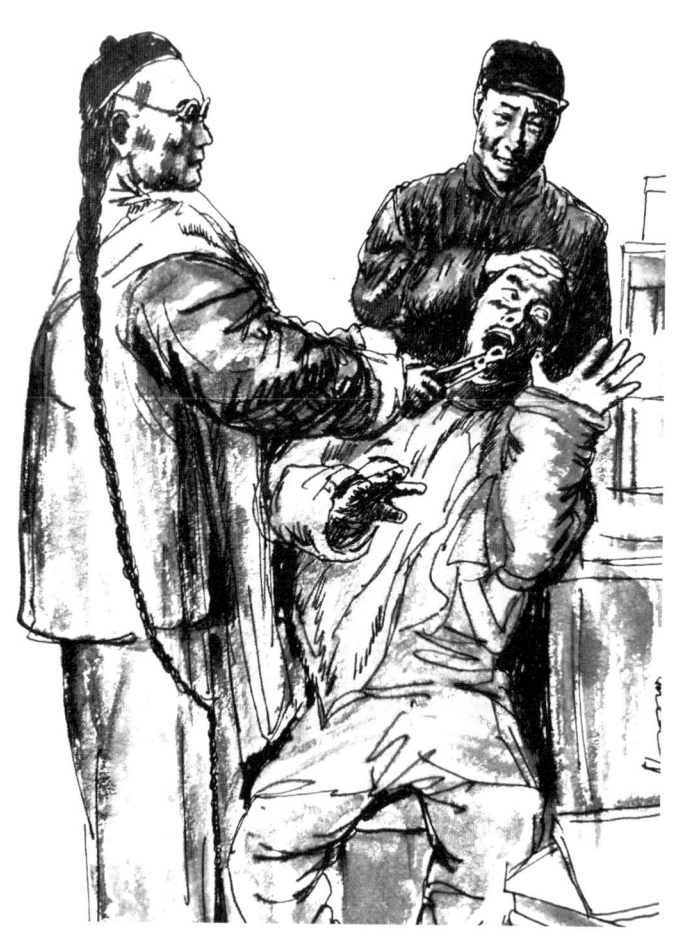

在村里响起时,母亲就将其请进家门。那个妇女向母亲要了一只筷子,叫母亲坐在凳子上,自己从身上掏出一根针。一根筷子一根针,在母亲的嘴里搅和起来。伴着母亲的"喔喔,啊啊"地配合,几只黑黝黝的比米粒还小多少倍的"虫"出现在筷子头上。虫子被扔进旁边那碗清水里,微微蠕动起来。随着水中的虫子增多,母亲的疼感也逐渐减轻。接着,那人又说你的眼里也有虫子,最近是不是也眼胀?母亲说那你给我一把挑一挑吧。那人仍以筷子辅以手指,在母亲的眼睛周围揉捏起来,随着筷子的起落,碗里又增加了几条黑虫。

母亲的牙疼算是止住了,眼睛也轻松了。

就在挑牙虫的人准备离开时,村里一位老人进了门。他问挑牙虫的能不能拔牙?挑牙虫的立即答应了,她叫老人坐下张开嘴,找到那颗松动的牙齿后,又从身上拿出一根细线,拴在病牙上,与我母亲聊天的当口,一使劲,在老人"呀"的一声呼叫中,病牙带着血跳出嘴来。

过了几年,母亲的牙又疼起来,疼痛中,母亲总是盼着村口那"挑牙虫"的吆喝响起,却总也等不到。母亲终于被父亲用自行车驮着,到了县城医院的牙科门诊。医生用仪器将其清洗后，嘱咐过几天来补牙。母亲问有没有牙虫，医生说："哪有什么牙虫？你平时要注意牙齿的清洁。现在烂了半边，补上就好了。"那时的供销社卖的大多是牙粉，几乎所有人都用牙粉刷牙，一刷牙就引得人呕吐。人们受不了那种味道，干脆用清水漱口，清洁效力自然很差。后来，牙膏普及了，母亲的牙齿再也没疼过。

　　想起这段往事，我便问她为何没随母亲学挑牙虫，她说这个职业一直流传于她们老家，只传给儿媳，不传给女儿。因女儿迟早要嫁人，儿媳则可以陪着儿子给自己养老送终。也许是江南水乡能自给自足的生活吸引了他们，这家人最后也留在了这里，不再漂泊。

# 铁匠

我们这里曾经活跃着一大批以打铁为生的人,他们大多在一间简易的工作室内干活,一灶,一锤,一墩,敲打着简单的生活。殊不知,这种看起来一样的职业中,还有更详细的分工。一种是制作剪刀的铁匠,他们比较集中,基本以一个宗族为主导,左右了这一带几百年的剪刀走向。也有了那句流传很久的民间谚语——"穿靴戴顶茂林吴家,开仓卖稻云岭陈家,冲担打杵小岭曹家,叮咚踢踏后山张家。"意思是吴家读书入仕者多,陈家以庄户居多,曹家制作宣纸需要肩挑背驮外购原料,张家则主要是铁匠。叮咚踢踏的打铁声象征了一种职业,也代表了一个宗族。茂林、云岭、小岭、后山,每一个地方都有一个宗族的集聚,也彰显出与众不同的从业走向和经

济文化生活。

　　后山,可能是耕种的土地较少,加上县域最大的一条河流经此地,自古商贸业比起他地要相对发达。这里的人为了更好地求生,很多青壮年一直以制作剪刀为生,剪刀销得很远,产生了特有的剪刀经济。这里生产的剪刀有两种:一种为生活剪刀,又名黑老虎剪刀,口薄头尖,刀身有凹槽,既轻巧又锋利,有大小之分;另一种是宣纸剪,专门为宣纸齐边规整所用,握手处像剪刀,实际以两把刀片合成,方口方形,刀身沉重,享有"天下第一剪"

的美誉。这里，曾有农户世代以制作剪刀为业，尽管都是自生自灭的个体经济，却一直红红火火地维持了不知多少年，年产剪刀高峰期超百万把。这是一个庞大的数字，没想到进入21世纪后，这样的局面急转直下，现仅存一两家在维持着惨淡的经营。

这儿还有一种铁匠是围绕人们农桑而生存的，曾经农人生产生活的助手无非是锄头、镰刀、斧头……从播种到耕耘到收获，从日常起居到穿衣睡觉，哪里都能找到这些铁器的身影，制造与维修这些铁器的匠人就是铁匠。这种手艺的操持者可能在全国各地都有，从古到今，也曾出过不少的名人，从行业祖先春秋时期思想家、哲学家、道家学说创始人老子，到魏晋名士嵇康，初唐大将尉迟恭，连新中国开国中将梁兴初也曾从事过这一职业。他们用手中的铁锤，改造了历史更锻造了数不尽的名器。连诗仙李白也为他们赋诗"炉火照天地，红星乱紫烟。赧郎明月夜，歌曲动寒川"。

他们的工作场所很简陋，尽管被称为铁匠铺却没有"铺"的排场，"半间东倒西歪屋，一个千锤百炼人"，就是铁匠工作环境的真实写照。他们的职业虽然普通，但工作影响却不小,稍一动手就闹出动静。在叮叮当当中,将气场铺得很大。为工作方便,铁匠铺一般都在自家正屋旁边,以土墙撑起一间小茅草房。一口带风箱的灶,一只犹如张开两臂的铁墩子,一大一小两把铁锤,再加上一只装水的木盆和大小不同的锉、钳子,便是这个铁匠铺中的所有家当。

## 铁　匠

但凡农家及手艺人的铁器钝了，豁口了，断把了，都会送到铁匠铺里修理。平日里，铁匠们会打制人们常用的东西，以备农人及时购买。一般铁匠铺都有两个人，一人为师傅，另一人或是徒弟或是助手。助手或许是师傅的兄弟，或许是他的妻子。师傅负责用钳子夹着需要打制的铁坯，放在炉子上翻着面地烧，助手则帮忙拉风箱。一旦火候成熟，师傅夹起烧好的铁坯放在铁墩上，以小锤敲打。助手立即转身，抡起大锤击打师傅小锤的落点上，一大一小的两只铁锤将铺子敲打得热闹起来。当师傅的小锤在铁墩上连顿两下时，助手则要停下大锤，要不赶紧再去拉风箱，要不看着师傅将铁坯翻面后继续抡锤，都需要看师傅小铁锤在铁墩上给出的指令。打制到一定程度时，需要淬火。淬火是打铁的重要技术活，有很多铁匠因淬火不到位，打制出来的东西不好用，或者寿命不长。

我有个堂姐夫就是铁匠，他的手艺远近闻名。后来，公社成立了机械厂，专门集中给农民修理农具。由此，手艺出众的铁匠、木匠被招进了厂里，吃上了公粮。他到机械厂上班，但家里仍保留了铁匠铺，利用业余时间为村里人加工铁器农具，并将他的儿子、侄子带入这个行业。机械厂属于集体所有制企业,归后来的乡镇和县农机局双重管理。因其有一定的利润,谁也不舍得放手,谁都可以对其指手画脚。随着市场放开,各种成形的农具能敞开了卖,价格也便宜,机械厂终于撑不下去,关门歇业了。下岗后的堂姐夫在家添置了小型车床,升级后的铁匠铺很是火了一段时间。几年后,堂姐夫患病逝去,他的铁匠铺也关门了。

# 铜匠

我家里有几样铜制的用具。一把家传铜水壶，已经用了不少年头了，权当一件好玩的东西收着，并不使用，因为我们用的热水都是电水壶烧，根本用不上这种壶了。另一样是铜刨子，专门用来削瓜果皮的，是三十多年前母亲请铜匠打铜水壶时顺带打的。我记得当时母亲将家里的废铜收集在一起，交给附近村里的一个铜匠，叫他打一把烧水壶，结果剩了一些铜，又叫铜匠打了两把刨子，一把给了我，另一把给了弟弟。结果弟弟的弄丢了，我的这把到今天还在用。

我们祖辈曾经流传下来一段比喻，叮咚踢踏指打铁的，冷火青灰是铜匠。也通常用于生活中，指一个人说话办事动静大，直接称其为"打铁的"或"铁匠"，要么就

叫"杀猪的";某一个人好静忌动,就称其为"铜匠"。这是一种形象的称呼,也是一种来自于生活的积累。

我小时候,看到了不少铜制的家用器具,烧水的有铜壶,洗脸的有铜盆,去瓜果皮的有铜刨子,吃饭用的铜碗,喝汤用的铜匙,女红用的有铜顶针,纳鞋底的有铜锥子,橱门的铜把手……好像在传统的生活中,铜似乎距我们更近。太平年景,这些铜制用具方便了人们的生活;年景不好或荒年来临,这些铜制品好似银行存款,可用来保命。父母家有一顶老式衣橱,至今保存完整,尽管从里到外散发出陈年的气息,却丝毫不影响使用,唯一遗憾的是这顶衣橱的门把手与里面的抽屉把手不匹配。母亲说,那是过荒年时,将门把手卸下换成粮食了。

现代人的生活好像离铜越来越远了,而是多了各种铁的、钢的、铝的、搪瓷的、塑料的东西,尽管品种丰富

铜　匠

了，功能更齐全了，好像远没有使用铜器时那样的亲切，那样的随意。我还很小的时候，手头上没轻没重，经常将一些器具摔了。使用铜具则安全得多，一旦失手，只是听到一声清脆的响，东西却很难摔坏。现在则不同了，不仅不经用，还经常爆出这个有毒，那个不利于健康。

尽管小时候用过不少的铜具，但一直没见过铜匠是怎么工作的。成年后的一天，我随姐姐到一个铜匠家取打好的物件，才知道铜匠为何被我们当地人称为"冷冷清清"了。只见那位铜匠在一个不大的铁砧上，用手抓住一块铜片，用一把小锤子在上面依次敲打。铜片在敲打中一点点地扩大。铜匠也有风箱，只是很小，可以挑着走。它在铜匠捶打作业时被孤零零地撇在一旁。这就是我最初对铜匠的印象。

最近，一位同事的小孩老是不得劲，到医院检查也没个结论，在到处寻医未果后，得到一位老中医的指点，说小孩要用铜碗吃饭。只是铜在当今的生活中几乎没了地位，想要找一只铜碗何其之难。且不说买不到，即便买到也可能是合金镀铜；到民间去买吧，能留下来的可能在各家都被当作古董了。同事知道我经常到乡下走动，委托我帮忙寻一铜匠打制一只铜碗。我痛快地应承了，随即打电话求助于一直在乡镇街道生活的姐姐，我记得她所住的那条街道上在十多年前有三四个铜匠。姐姐接到我的电话后，说那些铜匠都不在人世了。我又想到另一个乡镇好像也有铜匠，结果整整打了一个小时的电话，才知道他虽然在世，但早已不做这个行当了。我打听了他家的住所，与同事一道驱车赶过去，经过一番动员，老铜匠才勉强收下我们带去的铜材，应允两周后打好。要知道，这个碗放在以前，差不多一天时间就打制出来了，但人家能接活已算给足了面子，我只能千谢万谢。

半个月后，我们再一次到了铜匠家。没想到他只是完成了铜碗的打制，底圈虽已打好，但尚未焊接。我们一边等他采用传统的松香焊接，一边听他叨咕："不好意思，老伴去世了，自己要烧饭洗衣。现在什么都能买，也都能买得到，我最起码要自己养活自己吧，我只好找其他事情做，好在现在还能做得动。你叫我打的东西给的钱虽多，但不是每天都有，总不能放掉现成的营生打这个碗，只能抽空打了。"老铜匠边絮叨边坐上小矮凳，用打火机点燃了几根小引火柴，放入跟前的一个小风炉里，而后拉动右

铜　匠

手边的小风箱。小风箱是简易的,上面有长长的环形提手,方便提携,看来这套工具是可以挑着走村串户的。见我对这套工具有兴趣,老铜匠说:"我们铜匠都是小场面,做的时候只要将铜熔成铜水,形成铜块,慢慢打出来的,在打的时候不讲究温度,所以这套家伙不仅能在家做,还能做上门生意。三四十年前,我就挑着这担东西跑几十里外的地方做活,在外面一住就是好几个月。"说话间,碗底已经焊好了。他又拿出一个小工具,慢慢在碗上磨着,所磨的地方立即泛出黄灿灿的光来。

# 挖煤

我工作的企业是独立工矿区，距县城差不多有20公里。为了更好地维持生产，企业配备了医院、学校、商场、电影院、浴室，应有尽有。社会功能全了，岗位自然复杂了，各种专业知识的人需求量也多了。单位人事科整天忙于招人、定岗、定薪、调薪、核算工资。每年招来的人，不外乎是退伍军人、大中专生、职工子女，年纪都不大，绝大多数只有20来岁。有一年，厂里分来不少工人，与以往不同，这些人大多在40岁以上，全无往日新人的朝气。一打听，原来这次安置的是煤矿工人。

我们当地煤矿资源很丰富，从清朝早期就有人在此开矿，所产原煤远近闻名。新中国政府为振兴地方经济，从人口密集处协调，招了几万名矿工，全部进了国

挖 煤

营煤矿。地方政府为方便运输,还从县城至煤矿修筑了一条十几公里长的铁路,可直接将煤从井口运送至县城码头上船。这条铁路的照片我见过,路边的建筑物上还写有"高速度万岁"的标语。从当地县志上可查到,这条铁路配备了一列以汽车引擎改装为动力的火车,共16节车厢。尽管时速只有10多公里,满载后的货运量才80多吨,但在生产力低下的年代,这样的开采规模还是可观的。时间已远去,现已无法猜测当时的繁荣,但留存下的比县城最大的电影院还要大的煤矿大会堂,可一窥当年的盛况。不过,就在他们最红火的时候,遭遇了一场矿难,20多人被埋入井下。那些天,整个矿区阴云密布,一片哀恸。煤矿就此停产整顿,一停就是十多年。在煤矿停业期间,矿工们每月只能拿到基本生活费,有门路的都设法调走了,剩下的百余个,县里便将其协调到各企业。

　　这些人既没读过多少书,又无一技之长,自然也没什么好的岗位给他们。但他们对新一轮上岗非常感恩,无论分配给他们什么活,他们都乐意接受,扫厕所、拖运垃圾,哪怕在高温酷暑中指派他们上山,他们也从不讨价还价。与他们的相处中,我渐渐知道了一些井下的工作与生活。井下永远是酷暑与黑夜,永远是灰尘与憋闷,永远是狭窄与不安。下井时,永远不知道能否安全地度过一天,时时刻刻提防着坑道透水、塌陷。对他们来说,井外上班的生活堪比天堂。当时,矿难事故发生后,尽管国营煤矿停止了开采,私营煤矿却在附近兴起。这些生活没多少来源的矿工,看着几个月都没有荤菜出现的餐桌,看着营养不良衣衫不整的小孩,只能选择去那些私人小煤窑。重新回到井下的矿工,看到的是比国营煤矿条件更差的作业环境,整天在安全系数更小的地方工作,更感觉未来与井下一样充满了窒息与无望。特别在一个坑道的煤采尽,矿主无知地要求他们就地回采或另辟坑道时,他们的恐惧会倍增,因为根据多年的井下生活和行业中流传的经验,回采造成瓦斯爆炸的危险系数是成倍增加的。好在这种战战兢兢的日子总算结束了,他们怎么会挑剔眼下既没有危险又有光明的工作呢?是的,可能在艰难困苦中挣扎过的人,可能与死神交过手的人,才会淡看了人世间的秋月春风吧。

只是这群人在这样的平安日子中没享受太久,有些人

挖 煤

因矽肺病发作而辞世。再过了几年，响应国家号召，所有的小煤窑都关停了。为还一片青山绿水，全面禁止烧煤，彻底终结了小县城延续300多年的采煤史。

# 舞狮

我有段时间常去本地各所学校，来往中，认识了不少教师。一次，我正在一所学校校长室谈事，教导主任苦着脸进了门。原来有位学生头一天被老师罚站了，学生回家告诉家长，家长便吵到学校。结果那位老师不仅能说会道，这位不讲理的家长在盛怒中动手打老师也没占到便宜，搓火的家长便找到了教导主任。主任被家长缠不过，只能将矛盾上交给校长。

一会儿，老师来了，没想到竟是位女老师，长得还很漂亮，让我觉得挺有意思。事后想与她多聊几句，她却腼腆不安起来。想来也是，那个年代年轻男女私下交往是需要理由的，我说想与她聊天，难免引起误会，只能作罢。后来，陆续听说到很多关于她的故事，这才更多

## 舞　狮

了解了她。

她的老家在农村，从小因为家里太穷，读书时利用寒假随着村里的舞狮队，行走于各个乡村地表演挣些零钱补家用。舞狮本是男人干的活，一个女孩子怎能混入其中？原来，农村完整的舞狮团队，确需要一名能歌善舞的女性担任。

改革开放的最初几年，政策虽然放开了，但农村大多还是集体经济。记得每年正月，生产队的晒场上几乎每天都有活动，白天有舞狮、走旱船、玩杂技，也有请戏班唱戏的；晚上或继续唱戏或放电影。一时间，村里距晒场近的人家总能占到好的观赏位置，有种占据地利不同一般的优越感。我家距晒场远，便想方设法与距离近的同龄人处好关系，可以帮我占一个好位置。在所有活动中，我们最爱晚上看电影，白天看舞狮。舞狮的场面有大有小，小的舞狮场面只有四五个人，一人敲锣一人打鼓。一头大狮子在锣鼓声中，由两人一头一尾掌控着上场。狮子摇头摆尾憨态可掬，大开口时可见舞动狮头的人的脸。狮子在舞动中，还有一人头戴猴面具，手舞金箍棒，与狮子争斗。我们当时都不知道这位演的是孙悟空大斗狮子精的故事，只好以火头棍来称呼那个花面人。狮子或花面人到了哪一边，哪一边的小孩就又喜又怕地往外跑，另一边的小孩就叫着、笑着。这时也有一些成年人抱着刚出生不久的小孩，跑到狮子身边，示意性地将小孩的头让狮子嘴衔一下，说这样能让小孩健健康康无病无灾地成长。如遇上不反抗的小孩，则由花面人接过去，玩上几个花哨动作，甚至被狮子吞进口去，从腹中再"生"出来。一连串动作做完后，抱小孩的成年人会送上一个早已封好的红包。我出生于20世纪60年代末，那时候中国好像都停止了这样的文化活动，也不知襁褓中的我是否被狮子亲过，但小时候每看到这一幕就觉得心里瘆得慌。这样小规模的舞狮班，大多不用与生产队联系，他们只是寻一空旷地，将锣鼓敲得震天响，将人吸引来了就开演。演到一定程度，由花面人将头上帽子摘下，帽檐口朝上地捧着走向围观的成年人。手头宽松的成年人会自觉掏点零钱，不宽松的或根本不想出钱的立即躲得远远的。

那时的条件大多不太好，狮子的头是用木头雕成，只做了个形。狮身由厚红布制成，里面可能衬了东西，否则不会那么挺括。将成把的苎麻染上红色缀在狮身后面做狮

舞　狮

尾，由后面那人拨弄。还有的村里人为自娱自乐，将家里的被单用来当狮身，舞完狮子少不了挨上老婆一顿骂。那时家家条件都不好，被子也在多次翻洗中脆弱得像张纸，舞完回家时肯定会添上几个窟窿。不过，用何种材料制作不重要，只要狮子能舞起来，平静的乡村就会升腾起热闹的气氛。当狮子舞到一定程度，会有一人拿着一团布，钻进两个舞狮人中间，狮子停顿下来，伏在地上，身上不断抽动，未及，从狮子腹部窜出一头一人独舞的小狮子来。

大场面的舞狮更热闹了，不仅狮子做得讲究，还有两个狮子对舞，连器乐也多了唢呐，而且花面人出场前后还有笑面娘娘。扮演笑面娘娘的大多是身材好的小姑娘，身着绿裳绿裤，与花面人的红衣红裤相对，头戴一个笑容可掬的超大面具，翘着兰花指，扭动腰肢，将婀娜的身材展现得淋漓尽致。这样的舞狮班子有十几个人。每到一个地方演出前，班头就与生产队队长联系好了，开演前还要从村里借来桌子板凳当道具。桌子板凳一定要牢，放在晒场中央，形成与地面落差较大的山地。舞到高潮时，狮子在山地上如履平地地行走，耍动作，特别在高达两米的空中翻身下地时，定能换来阵阵喝彩。对于这样的演出，村里基本是万人空巷的。就连家里来客的家庭主妇都忍不住去看，一场演出看完，耽误了做饭炒菜的时间，只能向客人道歉。客人也不在意，男主人陪着男客谈论演出的精彩，女客则自觉到厨房帮女主人，小孩则三五成群地设法模仿舞狮。

这位女老师曾经就是演笑面娘娘的。当他们演到一个村子时，有个年轻人见她长得漂亮，硬是随着舞狮班走了多少天。后来我才知道，他跟着这支舞狮班到处跑的时候，不时受到队伍里小伙子的恐吓与挤兑，但他毫不气馁，依旧自带干粮，饥一餐饱一顿地远远跟着。甚至过了春节假期，也不去单位报到，直至整个舞狮班回到村里，他才悻悻地返回家中。此后的日子，他隔三岔五地骑自行车到那个村子，设法接近笑面娘娘及家人。俏女也怕痴汉缠，就在他这样的死打硬缠中，笑面娘娘终于应允了他的求婚。结婚那天，村里暗恋笑面娘娘的小伙子集体行动，以"闹火炮"方式泄愤。据说，那天新娘村里的鞭炮响了一天。鞭炮放到哪儿，新郎就得陪到哪儿。迎亲的队伍根本没带那么多鞭炮，便不断地派人就近买，直至将附近几

## 舞 狮

个商店的鞭炮买空了，甚至连小孩玩的百子鞭也买了来凑数。最后，所有的鞭炮都放完了，陪了一天又累又饿的新郎被村里的小伙子"挤"进了鱼塘，浑身湿淋淋的新郎终于迎到俏生生的新娘。婚后的日子很幸福，他有正式工作，还设法将新娘弄到当地小学代课。就这样，成为代课教师的笑面娘娘，再次捡起丢弃几年的课本。聪明的她也非常勤奋，教学之余坚持自学，将一个教师该拿的证都拿了。没几年，赶上了国家对民办教师转正的优惠政策，她成了一位正式教师。

# 窑花子

我叔叔比我大十多岁,在我出生的那年入伍,我即将入学读书时退伍。他退伍时,被公社安排进入社办企业上班。当时,我们公社的社办企业起步较早,20世纪70年代时,我们公社就有轮窑厂、剪刀社、油厂、农机厂等多个企业。退伍人员被安排工作后,除了有一份额外的收入外,其身份自然高于一般的农民。叔叔被安排进入公社创办的轮窑厂工作,专门从事砖瓦的烧制,成了"窑花子"。我不知道窑花子是什么意思,只知道村里人这么叫他。尽管当时别人这么叫他,但更多的还是羡慕,因不是所有人都有机会到轮窑厂去工作。无论别人怎么想,窑花子的概念已经植入我的心中。

没几年,家庭承包责任制开始了。土地到了农民自己

窑花子

　　手中后，大家的手头也逐步宽裕了。于是，村里不少人开始嫌弃自家祖传的老房子了。老房子推倒重建需要大量的砖，那时的叔叔已当上轮窑厂车间主任了，村里有人委托叔叔代购，一打听，轮窑厂的砖瓦价格比别的地方高不少，再加上路途又远，无疑又增加了费用。邻村开始抓住商机开窑烧砖，还是供不应求。见此，村里有人跟风效仿，在土丘上掏出窑洞自行烧砖了。那时候村里青壮年特别多，窑洞掏好后，有人开始就近到窑上干活了。像村里这样的大事，小孩子参与不了，但热闹还是要看的。到了窑厂，只见一人牵着一头牛，赤脚踩在烂泥中。一人一牛反复在烂泥里行走，直至泥巴变成熟面粉一样，便可以做砖了。

　　一个个做砖的人站在工作台前，将做熟后的烂泥使劲摔在方框里，用一根绷紧的铁丝一划，将方框褪了，一块湿砖出来了，放在一垄垄的平整地上晾晒。没几天，砖坯晒干了，又被运入窑中码好，再将窑口用土坯砖砌了，开始烧火。所有工序上的人整天挥汗如雨，身上的衣服很快洇湿了。受作业环境和家庭条件所限，他们继续穿着湿衣服干活，任由衣服在身上湿了再干，干了又湿。间或因摔砖缘故，泥点子不时地溅在身上、脸上，与汗水混在一起，很快成了泥人。不过半天时间，这些工人不啻在泥田里角斗了一场，泥渍满身，没有一块干净地方，我们这里人称之为"包封鸭子"（未褪泥的皮蛋）。他们干完一天的活后，回家路过沟渠时，连衣带人跳进水中，粗粗地洗去衣服上的泥垢后再回家。次日，有的人穿着同一身衣服再次回到工地，有的人则换了一套衣服。前者大多是光棍或老婆干活不怎么麻利，后者则是家有贤妻。

村里第一窑砖烧好开窑时，闲在家里的大人小孩都不约而同到了窑上。没想到，窑口一打开，一大半的砖都扭曲了，即便有好的，也成了红中带黑或黑中泛红的疙瘩，达标的砖根本没几块。这时，村里老人开始说话了。他们说，就这么烧砖肯定不行，以前人家开砖瓦窑都要死人的，最好以小孩炼的窑出产的砖瓦成品率高。我吓坏了，莫不是炼新窑非得烧死一个小孩，那我不也成了他们考虑的对象吗？一旦被瞄上岂不没命了？以至于那段时间，我每天晚上都老老实实地待在家里，说什么也不敢出去疯玩了，生怕他们将我当作炼窑的小孩。

村里当然有不信邪的人。他们将叔叔请到现场进行诊断，调试了几次之后，一窑窑成品砖被烧制出来。见此，我们这些小孩才敢放心出门。

看他们做砖时，我才知道为什么烧窑的被人叫作花子了，这是形容烧窑这门手艺环境艰苦得像乞丐一样。我不知叔叔是不是也这样干活，要不怎么也被叫为窑花子呢？

十岁那年，我因扁桃体发炎，多天不能正常进食而休病假。在身体恢复期间，叔叔将我接到窑厂的家中小住。这是我第一次到轮窑厂，年少的我大开眼界。首先映入眼帘的是高耸入云的烟囱，烟囱下的房子比电影院还要大。除了那座大房子外，目之所及都是一垄垄的晾砖瓦的土埂。这土埂倒是与村里的土窑厂差不多，只是这里的规模超大。土埂尽头有几座红墙红瓦的平房，叔叔家就住在那里。进去后才知道，这些平房有很多人住，每家都以竹子制成的笆片相隔，笆片上有缝，以泥加石灰糊上去后既平整也补缝，便有了各家的小天地。

叔叔家的房子不大，只有两小间，外接了一间厨房，两个房间各有一张床。床的一边靠墙，为保持床的干净，床头床边的墙上都张贴了报纸。我去的时候是下午，稍事休息后就开始吃晚饭了。吃饭的时候很热闹，那几排房子里的人都捧着饭碗，或蹲或坐地在各家门口，像一个大家庭聚集在一起。人们的衣着都非常随意，很多人身上布满了泥点，与平时下田干活的人差不多。在这群人中，我注意到隔壁一位大声说笑的人，他非常奇怪，浑身上下的皮肤都是黑的，只有端碗的手是白的。后来他在说笑中特意提到，今天在添煤时，遇到一个盖子揭不开，他一脚踹上去，结果里面的烟灰突然上涌，将他自下而上喷得漆黑，顿时变成了非洲人。

住在叔叔家的那几天，我看到了不同的劳动场景，他们将成堆的泥土放进一个大搅拌机里，用自来水往里一冲，在机器转动中和好了泥。既不用人和牛踩，也不用人一担担地往土堆上挑水倒。在制砖制瓦的车间，只见工人将和好的泥直接扔进机器，砖或瓦成排地吐了出来。没有了人工直接操作，也就失去了原始的乐趣和激情。唯一能让人看得血脉偾张的是工人花砖，花砖就是将一排排晾干砖交叉摞起来，让每两块砖之间都有空隙，既通风也便于太阳更好地照射。只见每两人一条土埂，领头人一声令下，工人们立即此起彼伏起来，一排排低矮的紧挨在一起的砖块重新排列后，变得高大起来。

窑花子

在这个窑厂的几天里,婶婶偶尔会叫我与她一道,将淘洗干净并配好水米的钢筋锅送到窑上去。窑就在烟囱下的超大房子里,大房子分上下两层,第二层就是那位"黑人"的工作场所。等我们走上长长的用砖块砌就的台阶,见到整个二楼宽大得像一个大体育场,场中均匀布满圆圆的小铁盖,一阵阵热浪喷了过来。婶婶叫我小心,千万别踩到铁盖。那位肤色早已恢复正常的叔叔一见我们,立即会意地将锅接过去,用手里的小铁钩钩起一个小铁盖,将锅坐了上去。在揭开小铁盖时,通过圆孔见到下面火红红的一片,那片火红还在翻腾、跳跃,发出耀眼的光。婶婶见此,立即拉着我回家,路上叮嘱我千万别一个人到这来玩。我问为什么,她说那一个个小圆洞就是添煤的地方,小孩如果掉下去就烧死了。这样危险的地方我自然不敢去,只是在无聊时,走到大房子附近,远远望着工人光着膀子拉着板车从一孔孔窑洞里拖出整车的砖来。砖红红的,拉车的人全身上下也红红的。只有不断流出的汗水,将脸上、身上犁出一条条水线,透过水线才能看见他们原本古铜色的皮肤。

# 也说堪舆

前些年,一位朋友挣了一些钱,被稀里糊涂地套进紧邻县城的一个山洼里在建的楼盘中。那山洼面积不小,相对的两座山脚下盖起了房子,中间还空出很大一块地,准备为新建的小区内添加绿化和其他设施。小区里有单元房和别墅,户型多样,设计得很有匠心,几乎让每一幢别墅后院和前场都有小溪穿过,能让别墅居住者无须远足就能体验到游泳、戏水的野趣。

可就是这么好的一个小区,所有房子都非常难卖,并非小县城的购买力跟不上,与其相隔不远的另一小区的房价涨了又涨,唯独这个小区售楼部冷冷清清。合作者们终于挺不下去了,设法退出,唯有朋友流动资金稍充足,不断接盘,几年后,竟从投资者变成了小区的独资者,好比炒股票,一不留神炒成了股东。他本白手起家,确也挣了点钱,但也架不住这个多年不动弹又不断往里砸钱的小区。办法想尽,也无法从中抽身。在别人的推荐下,他接触了一个据说在易学界小有名气的风水师。

风水师拿着罗盘绕小区走了一圈,认为这是块不错的地方,可惜小区中有溪流,弯弯曲曲地割断了气息,更有些像变形的八卦图,将这块地形成了阴阳地——投资商资金没问题时,建房或售楼就有困难阻扰;当外部阻扰的问题排解后,自身又出问题了。朋友一听,连连点头。当时楼盘在建时,就有人横加干涉,使所有买房者办不了按揭。等所有关系和手续全部理顺后,合伙人也走光了,没了后续的资金投入,小区空地里被疯长的杂草占据。风水师给朋友出主意,要想改变这个面貌,必须改掉小区里盛衰交替的阵势。

风水术,又称堪舆术,是一门历史悠久的玄术,风水是对宅地或墓地的地脉、山形、水流及坐向的统称。通过辨证研究风水,去其糟粕,取其精华,用合理的方法来解释风水现象,可用于趋吉避凶。我这里要说的内容也包括了我们普通百姓生活的风水、卜卦、算命等,这些都能带给我们不一样的生活感受与理解。据传,好的风水师能推断出此前的事,也能预知后来事。有的阴阳先生还能到地府与阎王对话,我觉得这不可信。这些能寻找到世间规律、万物之道的人,有的就被人们称为风水师,也有的被称为阴阳先生,还有的被称为巫婆、神汉。

在我很小的时候,有一次家里丢了件东西,正好外公在我家。他得知后,以右手大拇指指着其他手指关节,念叨着"大安、流利、速喜、赤口……"就断定出这东西在哪个方位了。我当时觉得这个非常神奇,随着年龄稍大,我知道了这叫"掐课",又称为"马前课",人们常说的"掐指一算",大概就是这么回事。外公不是风水师,听他说,过去但凡识字的人大多能掌握这一技能。我父亲也相信,并且还专门抄录了口诀,当作珍宝一样锁在抽屉里,偶尔也会推演一些事。

有一次，一个同学到我办公室闲聊，说起一人经常将自己关在房间里，几天几夜不吃不喝不出门，为人家解决了很多奇奇怪怪的事，据说他有本事与阎王交涉。他说的这人，在世时经常到我家串门，远没有同学介绍得那么神奇。因在办公室高声谈论这个话题有些奇怪，也怕别人误传我的信仰有问题，我便没作声，赶紧转移了谈话方向。我知道他说的本事就是"过阴"，那个人就是所谓的神汉。

我们这一带，常年活跃着几个"算命"的瞎子和"看花"的巫婆。我们当地人都称算命的为瞎子先生，或者呼其他姓名中具有典型特征的一个字再加先生。无论何种称谓，先生大体分两种。一种是在家里坐等人来找，他就让求上门的人报上生辰八字，报得越细越准确越好，大多数给人家测算家运，也帮新人合八字。还有一种是由一个半残疾人以一根长棍子牵着，走村串户，沿途打着铃铛，如有人需要便上门服务。无论坐等在家还是到处走动的算命先生，都被我们当地人称之为半仙，但很少见到先生像电影里那样打着"半仙"的布幌子。半仙吃的是脑子饭，动动嘴就能来钱，即便在物资匮乏的年代也过得较为舒适，也由此可见当地人的精神需求。不过半仙也会出现失算的时候。一次，一位小有名气的先生到了一个寡妇家，一进门就说："哈！今天满堂的宾客嘛。"听屋内静寂无声，这时，先生从口袋里掏出一个纸包，呼了一声寡妇的小名，吩咐她将纸包里的干子[1]收了。话音刚落，满屋哄堂大笑。原来人们早就知道这位先生与寡妇有关系，正巧那天遇到寡妇请人帮工，所有请来的人故意不说话，主人又给不了瞎子任何暗示。一时间，将这位先生弄得尴尬不已。此消息传扬开后，请他算命的也减了不少。

"看花"的都是女性，被人称为"姑娘"或"花姑娘"。因多年来的中国电影、电视里的抗日情节，这样的称呼容易让人误会，其实只是一个习惯性的称谓而已。从事看花的都是进入中年以后的妇女，她们在做法事时，需要另一妇女配合。凡有人找上门时，花姑娘与助手将来人引进一偏僻安静房间，房间光线幽暗，透出神秘气息。她们吩咐来人在一旁坐着，她自己则坐上墙边的睡凳[2]，头顶

---

[1] 干子：方言，豆腐干。
[2] 睡凳：传统家具，长约 1.5 米，宽、高约 0.4 米。

头巾,双手放在膝盖上。助手点燃一炷香,开始在头巾上方左几圈右几圈地绕。花姑娘在这样的香火绕行下,姿态貌似上了轿。见此,助手将手中的香火灭了,也停止了舞动。上了轿的花姑娘将两只脚不离地地前仰后合,头巾里传来声音,不断问路从看花地一直问到来客的家乡,问清是哪家祠堂后报上名号。头巾下的脑袋开始左张右望,开始报出这株植物有几花几果[1],什么地方有虫,何地有缺陷。而后又报出一串祭品的数量后,以同样的动作返程。貌似到家后,猛地一顿屁股,长叹一口气,助手继续点燃香火,再一次在头巾上方绕圈。几圈之后,花姑娘疲惫不堪地就地一躺,这个睡凳正好托住了她。

香是普通的香,头巾也是普通不透明的头巾。只是睡凳有点特殊,一尺来高,长长的木制的可容一人蜷躺。就这么几件简单的道具,花姑娘能将所求之人的家庭状况、疑难及解决之法相告。整个过程中,所求之人及助手可与其互动。我曾陪一久病不愈的长辈去过现场,也专门负责用笔记录祭品和注意事项,亲眼所见她准确报出这个长辈

---

1 几花几果:代表有几个子女,花指女儿,果指儿子。

家的成员，也依言回家按她提供的办法试了一遍，不过那位长辈的病依然没好。可谈到此事时，也有人说比较灵验。邻村有一小女孩溺水而亡，家人为解开这个疙瘩，就去看了花，没想到花姑娘将每一件事说得都非常准确，甚至连他家无故失踪许久的某件东西现在何处都说了出来，他们回家一看果真如此。这倒也是，如果不能说上一些准确的信息，或给别人解开一些疙瘩，怎能有他们的生存空间呢？

人在生活中，难免会遇到难解的疑惑，当尽自己所能都寻告无果后，才想起找那些神汉、巫婆、风水师，在那里寻求一些规避和解决的办法，或是寻得安慰与平衡。在他们面前，绝大多数人不会吝惜钱。我不知道别的房产开发商有没有对自己开发的小区进行风水设计与评估，但愿朋友请了风水师后，能就此改变这个小区烂尾的命运。

# 邮差

辞旧迎新的时间端口,手机里不断传来短信、微信提示音,各种祝福乘着互联网从各地飞来,进入我的手机,落入我的眼里、心里。此时,不禁暗叹,还是这个年头好,一个祝福就这么跨地域无障碍地送达。遥想曾经没有电话的时代,一份祝福若非亲自传达,则需经过若干天的辗转后才能送到。或依靠信件,或依靠电报,而这都需要靠人来传递,这样的人就是邮差。

说到邮差,人们自然会想到身穿绿衣,骑着摩托或自行车穿梭在大街小巷分发报纸或信件的人,人们都亲切地称他们为绿衣使者。从他们身上,还能看到更久以前的形象,那身穿具有时代特征服装的人们,或背着包袱、雨伞,或跃马扬鞭驰骋在路上,或徒步跋山涉水……

在当今社会，邮差的重要性已经弱化了。在信息互通极其落后的年代，人们的情感与信息的交流除了面对面交互外，就得依靠邮差连接。尤其在战争年代，传递一份情报，投递一封家书，是何等的艰难与重要。"烽火连三月，家书抵万金。""家书闻子病，时事说兵兴。""江水三千里，家书十五行。"更有一些贤人，将多年的家书连成串，成了治家或警示格言，如《曾国藩家书》《左宗棠家书》《傅雷家书》《留德家书》《卢蒙巴家书》等。这些治家格言将家事、国事、天下事，亲情、友情、儿女情，求学、求知、求生存等连成一起，形成了独特的文化价值和精神追求。从古至今，更有数不清的家书传递的背后故事湮没在历史长河中。因为家书也催生了好几个行业。比如，代写书信曾经也是一种职业，因当时很少有人识字，一个几百人的村落里，识字的人都被尊称为先生，这样的先生可以帮助人们将信息与情感落在纸上，通过邮差中转后，还要帮收到回信者宣读或解析信的含义。

信息传递也不一定都依靠书信这样的载体，比如，某人要到某地，就与左邻右舍打招呼，问要不要给谁带信。这样，既方便了别人，也能让自己到了目的地后，有了群

# 邮差

众基础,便于开展自己的工作。这样的民间信息传递中,还有一种比较特殊,比如村里有了婚丧嫁娶的大事,需要专门安排人到亲友家告知。其中最为急促的是丧事,事发突然,又要短时间处理完,

需由人到各地亲友家传递死讯,我们这里称之为"报丧"。报丧之人如常人打扮,怕路远淋雨,又不能在亲友家住宿,只有自带雨伞。雨伞也是一种传递信息的工具,将伞柄朝前方夹在胳膊下。也有的地方则专门选一把断了柄的旧雨伞,将断柄处朝前夹。一旦这样的打扮到了目的地,报丧之人将雨伞靠在大门外,主家自然就知道了,从来人口中确定了消息后,主妇就开始边哭诉边烧锅倒灶地下碗面条,招呼来客吃完。这种哭诉被称为"兆",相当于"彩头"。报丧之人如没得到这样的"兆头"会被视为不吉,常常打个招呼就走。也有采取最恶劣的处理方式,将吃完面的碗反扣在桌上,以表示对接待方的不满,此举无疑会激化矛盾。这样的事情,可能年过半百的农村人都做

过，绝大多数都是兼职。在特殊的历史时期中，还活动着一大批特殊的人，他们之间的信息传递时常会付出生命的代价。20世纪30年代，我们这里活跃着一支游击队，我爷爷就是这支游击队的交通员。他专门负责固定两个点的信息传递，在暴风骤雨中成功完成了多次任务，直到后来发生了震惊中外的皖南事变，两个点的线索就此中断。爷爷到这两个点上，多次没得到任何指令，只能将所有代表自己身份的凭证用油纸包了，深埋在自家菜园地里。这件事非常隐秘，家里、村里无人知晓。1974年，身患重症的爷爷在弥留之际，将这段往事讲给父亲听。接下来的岁月里，家人按照爷爷指定的位置挖地三尺地寻找，也没能找到他的油纸包。是的，即便找到又能怎样？斯人已去，时光已将岁月送到半个世纪后，曾经的兵火连天已经平息，中断的信息已不能跨时空链接，这些凭据还有价值吗？

# 榨油

现在供烹饪的食品油很多,有色拉油,也有花生油。我却独爱吃菜籽油。菜籽油吃起来香,只是在炒菜时油烟有点大,不过这个小缺点,完全可以忽略不计。每次去油坊打油时,有的老板总在我面前吹嘘,称他家的是木榨油。每当如此,我便找借口去油坊后的厂房看一眼,他家只有一套榨油的简单机械,根本没有木榨油的设备。对此,我也不点破,任由他信口开河。对于木榨油,我虽没那么内行,却也不完全是个外行,因我不止一次地见过木榨油的现场操作。

每年春夏之交,将新产的油菜籽收回后,油坊为防止油菜籽在仓库里发芽,要先将其炒熟。炒油菜籽是个技术活,炒得过熟油产量低,不仅油菜难储存且榨出来的油味道也不正,这需要经验丰富的大师傅完成。榨油前,需将炒好的油菜籽放进碾槽里碾碎。一般的油坊会另辟一间大房子专门置放碓和碾。碾子占的面积大,碾槽由石头打成U型口,挨个排列成正圆圈。槽上有一大石磙,由牛力带动在碾槽里转圈。操作工站在碾槽圈内,一边控制牛,一边掌控着油菜籽碾碎碾匀程度。碾好后的菜籽粉还需打包。打包时,有两个专制的铁圆环,环内挨着铺上稻草,放入适量的菜籽粉在草上,以草固定好,形成菜饼放入木榨。木榨里放满菜饼后,便可上榨。上榨后还需人力紧榨。油坊里的紧榨被称为冲榨,是一种独特的劳动方式。冲榨需要一定的体力,长长的冲杆由一粗绳吊在屋梁上,冲榨工将冲杆反方向悠到一定限度,猛地冲上木榨的楔子上,"咚"的一声,声音很大,着力点也有力量传出,地面都随之一震。接着,再冲下一次。

  油坊在榨油时,能将声音送得很远。香味也随着声音蔓延,充满了整个油坊的空间,散发给左邻右舍。菜籽油汩汩地流进油槽,再进入油桶,而后流进千家万户的锅里,成了人们炒菜前必备的油料。那些被榨干的油饼,粉碎后变成有机肥进入农家的田地里。

## 榨 油

我们这里的油坊不仅木榨香油[1]，还制作蜡烛。四乡八里的乌桕树就是油坊里蜡烛的原料。乌桕树似乎更惧秋风，每到深秋，桕树就已光秃了，从树干到枝条到枝丫，整树都成了乌黑色。细细的枝丫上

结满了树的果实，果实也是乌黑色。在秋风的吹拂下，果实上乌黑色的壳往下落，这才露出了白色的内果。收获时，农人用一把特制的刀镶在竹竿上，将白果连同树枝截下来运回家。稍稍晒上几个太阳，就由妇女小孩将白色的果子从树枝上揪下来，集中卖给油坊。

油坊接到这些乌桕果，用碾坊里的碓稍稍舂一下，那层白色的皮就脱落了。这些白色的皮子加热后，就可制

---

1 香油：菜籽油的别称。

成蜡烛或肥皂了。白蜡烛就着本色做，红蜡烛则需要染红。乌桕果制出的肥皂远不如现在的好，黄中带黑，黑中泛黄，干瘪瘪的，一用还发出奇怪的臭味。剩下的果子还是乌黑色，大师傅放在锅里炒熟后继续舂碓，等那些果子完全碎了，也放进木榨里榨。这些油就是清油，可倒上一点到小碗做的灯盏里，放上一根干灯芯草，点上火就成了清油灯。电被人们普遍使用后，人们可能早已忘记了曾经的漫漫长夜是以清油灯照亮的。平日里使用清油灯的普通百姓或寺庙、道观，只有逢大事时才会在特定的地方用蜡烛。乌桕果的油被榨尽后，剩下的渣滓就成了柏子煤，冬天生炭火时，垫放在木炭下方，火桶（盆）能长时间保住火种，这些也几乎是富人家的专属。

我有个远房姑父年少时在私人油坊里放牛，年纪稍大，从看护碾料开始入门，逐步制作油饼，最后熬成能炒料的大师傅。他在谈到自己从业经历时，说过去的油工们也被称为"油花子"，一般在天热时是不穿衣服的，除了因为淌汗多穿不上衣服，还有就是买衣服要花钱。对于这些，我完全相信，那时候生产生活条件落后，将节约与挖掘潜能发挥到极致。后来生活水平高了，油坊配套的条件

## 榨　油

也逐步改善了。我有一同学的母亲在油坊当会计,家就在油坊隔壁,上学时曾随他到油坊里玩过。那时的油坊已将碾子改成机器了,但榨油的其他基本程序还在。我印象最深的是油坊有一只木制的椭圆形封闭的桶,有半人多高,一人多长,留有小门。这是给油工们专门制作的洗澡桶,冬天洗澡时,将小门一关,与家用沐浴房一样,只是有点矮。

# 杂耍

在家乡，我们一般将以随便的方式对待大事、要事的人或场景称之为"玩把戏"。把戏，这里意为儿戏，是指人对待事情不严肃、不认真。从另外一个方面来说，把戏把戏，都是假的，这是我们家乡对魔术的一种传统认知。魔术杂技都属于杂耍类，在曾经的农村是一并演出的。

我第一次看杂耍是在40多年前。记得那天，我放学路过生产队的晒谷场时，见大队的电工正在架电线。我们知道，一旦晒谷场上架电线，一定会有好玩的事情发生。那时的电工很少，懂电的人更少，更别说架电线了。一个电工要负责300多户人家，四五个生产队。一旦哪个生产队晚上要放电影或唱戏，电工就出场了。出场的电工意味着乡村大型娱乐活动的开始。小孩消息闭塞，不过看见电

## 杂　耍

工就什么都明白了。于是，上学的孩子回家第一件事便是抢时间完成作业，免得晚上疯玩时被家长抓住把柄。吃过晚饭，我们早早地来到晒谷场。与往常不同的是，这次晒谷场上没有戏台，也没有埋挂银幕的粗木杆，只是在靠边的地方挂了一盏灯。这盏电灯的灯泡比寻常的要大，灯下有张方桌。如此简单的陈设，今晚说不定只是开群众大会吧。我们有点兴趣索然了，便自己玩起游戏来。

没想到，意外出现了。

当夜幕降临，几个陌生人出现了。他们中有男有女，有的人挑着担子，有的人背着东西，最令人兴奋的是，还有一只被绳牵着的猴子。我们这些平原长大的孩子，从小没见过猴子，加上那时课外书籍很少，更谈不上有电视、网络这样的媒介，猴子的出现，立即打破了我们的认知——没想到世上还有长成这样的动物。我们立即围了上去，看着长满胡子的"小孩"，对它指指点点，有的还在猴子身上找一特点来形容哪一位同伴，也有的干脆随手捡起一块小石子，扔向猴子。见有人调皮，生产队长就出来制止了。

当他们将东西在桌子周边放好后，一人拿起锣，以桌子一面为界,开始向正前方敲打起来,一边敲一边客气地说:"承让,承让。麻烦你退后一点,退后一点。"就这样,越聚越多的人在他的协调下,慢慢向外扩散。一会儿,桌前空了一块不小的圆形场地。

第一个节目居然就是耍猴。只见猴子一会儿戴帽子,一会儿翻跟斗,一会儿钻圈,一会儿打锣。时而精灵古怪,时而憨态可掬,逗得大人小孩哈哈直乐。猴子把戏过后,出来一个妇女,拿着一把长柄大刀舞动起来。大刀是铁打的,刀上缀有小铁环。舞动时,叮吟哐啷响个不停,很是热闹,赢来阵阵喝彩。一套把式耍完,妇女退场,又有一位中年男人拿着一块方巾上场。方巾正面是黑的,面向我们;反面是红的,朝着自己。当他将两面对我们亮相后,一个抖动,方巾披在一边臂膀上,方巾揪下,一大碗水出现在另一只手中。将水递给助手后,接着又在方巾的掩护下,一会儿变出鲜花,一会儿变出鸡蛋,令人眼花缭乱,看得我们惊奇不已。等他下场后,又来了一位光着膀子的壮汉,先在场地中央嘿嘿哈哈地打上一番,而后从助手手中接过一根红布做的带子往腰部勒。勒的时候,也不忘"嘿嘿"几声大吼,再配以跺脚,扬起地上一

## 杂耍

阵灰尘。紧接着,只见他接过助手递来的一把刀,对准自己的胸部就是一刀。刀被胸部肌肉弹出,而后又是一刀。这时,助手又拿来一段木头,放在壮汉胸部,随着手起刀落,木头断成两截,壮汉啥事没有。整个过程看得人心惊肉跳,有的人甚至还捂住了双眼。……

夜渐深沉,节目却越来越丰富,差不多两个小时一晃而过,节目终于全部演完。这可比放电影、唱戏精彩多了,人们一时竟忘了喝彩,整个晒谷场鸦雀无声。待他们散场时,还有人恋恋不舍地停留在原地。小孩们争先恐后地往演员身边凑,恨不得去摸一摸那些刚刚耍过的刀、枪,更想去逗一逗拴在桌腿边的猴子,可一见那个刀枪不入的壮汉,立即怂了,只有在家中大人的呼唤中悻悻离开。

回到家中,我们还在谈论那些节目。这时,奶奶说:"小孩子别乱跑,那个猴子说不定就是人扮的。"我连说不可能。奶奶又介绍,过去有些玩把戏的将六七岁小孩悄悄地拐了,用鞭子将身上打得皮开肉绽,再用猴子皮一包,小孩身上的血与猴皮的血就结在一起,再也撕不下来了。这样的"猴子"听话,好训练。我和弟弟立即反驳:"那些小孩在外演出的时候不晓得叫,不晓得告诉人吗?"奶奶立即又补充，在鞭打小孩的时候，已将小孩的舌条割了，哪能讲出来话？这一听完，我不禁打了个寒战，对那些玩把戏的心生一股多年也散不掉的惧意，甚至多少年也不敢一个人单独出远门。

第二天，在课堂间隙，一帮同学还在回忆昨晚的节目。我不敢将奶奶对我们说的事情转述，只听见有个同学说，那个壮汉的硬气功能破，只要他在表演时，与他的动作同步撕一张纸，他的法术立即就破了。这话立马招到很多同学反驳。他却振振有词地说："这是真的！不过你想一下哪个敢破，他们都是武打高手，比警察、比解放军厉害多了，破了他们的法术，他们还不把你打死。"这话似乎很有道理，于是立即没人怀疑这事的真实性了。

随着电影、电视、互联网进入人们生活，几乎随时都能看到杂耍的节目了，遗憾的是永远没了曾经的集体围观的热闹场景和满眼稀奇的兴奋。至于鞭打小孩穿上猴皮的戏说自然不攻而破，那是以前大人管教小孩避免被"拐子"拐跑的方式。贩卖小孩这种铤而走险的事自古就有，为人痛恨。不过时代不同了，家长的教育方式也与时俱进，不再编造这种恐怖故事了。

# 纸扎匠

我们当地有一种风俗，就是在家中老人去世后的次年清明前夕，逝者的后人要为其上新坟，以一种较为隆重的方式寄托对逝者的哀思。上新坟时，一些逝者生前的亲朋故旧都要送礼，不是送钱物，而是专门送给死人用的物品，东西很是丰富，有纸房子、纸箱子等，当然最多的还是纸箱子。纸房子一般由逝者的直系亲人，大多由子女准备，房子肯定是最新款式，里面还需配备生活所需的东西也与时俱进，品种丰富，琳琅满目。纸箱子里面的东西，一般都是根据逝者性别而配备生活必需品，以穿着为主。除此之外，还有纸人、纸马等，这些纸动物都整对出现。

现在只要到县城一级的街头都能见到这些纸扎店，里面有关丧葬用品应有尽有。在交通不便的年代，这些东西都要请纸扎匠人进户完成，特别到清明节前，纸扎匠人家都会成堆成堆地堆着纸扎品。多数是人家定制的，也有少数是纸扎匠人先扎好，待价而沽的。

在一般的匠人中，纸扎匠可能是生产成本最低的。只需一把剪子、一把尺子为工具，所用的材料无非是各种颜色的纸张和一些细竹片，再加上一些糨糊就可以了。制作的场地也没限制，只需一间能遮风挡雨的屋子就行。在制作中，那些竹片就是房子、箱子的房梁筋骨，各种颜色的纸张就是墙壁和装饰用品。在剪剪贴贴中就能完成大厦千万顷，家具万千件。这就好比写文章一样，只要心中有天地，锦绣文章是不会囿于纸、笔及其他外部条件的。

在我的印象中，做纸扎匠好像不需要学徒，干这活的人只需心灵手巧。因为自小我就知道，我外公会扎纸，而他完全是误打误撞进了这一行。外公出生在一个家道中落的家庭，差不多在十一二岁的时候，就与比他小两岁的弟弟一道，分别被送到两家店里学徒。我外公被送进布店里学徒，在那里度过了自己的青春岁月。他出师后，店里不需要掌柜，再加上当时兵燹匪患众多，战乱频频，他只能四处谋生。走过了很多地方，也从事过不少职业，后来回到家乡,靠给人帮工艰难度日。接着,我的大舅、母亲、姨娘相继来到这个世界,我小舅出生时,迎来了中华人民共和国的成立。在新政府成立的前夕,信息灵通的本家叔叔,将自家的田地划了两百亩,拨给一直在艰难中度日的外公和叔外公两家,以致于在解放初年从来都没见过自己的土地是啥样的外公和他的弟弟,竟被阴差阳错地成了富农。从此,这对苦命的兄弟和他们的后代们背上了沉重的政治包袱,四类分子的帽子一直戴到改革开放后。在政治挂帅的年代,外公经常被揪斗,家中更是一贫如洗。改革开放后,外公逐渐解开思想上的束缚,迎合当地民俗所需,利用空闲时间替人家做纸扎品,没想到竟成为这一行远近闻名的手艺人。没几年,他驾鹤西去后,最先继承他纸扎衣钵的是我的小舅。他当时是个裁缝,正好在裁缝不吃香的时候,做些纸扎活来贴补家用。由于接的活比较多,大舅也参与了进来,兄弟二人都成了纸扎匠。

# 制伞

"晴带雨伞饱带干粮",日常生活中,伞是必不可少的用具。在我们家乡,还流传这么一个习俗,常在山中、水里干活的人怕在山中干活出故障,怕在水中行船"散板",便称伞为"雨盖"。形容家境会说"富人撑伞,穷人戴帽(斗笠)",或是"某家穷得连把伞也没有"。更为有趣的是,还会通过雨伞来判断一个人的职业,比如身背雨伞手拿竹鞭的人是牛贩子,腋下夹着断柄伞的为报丧人。

一日空闲,在几个朋友的撺掇下,一起去了一家制伞厂。这个伞厂与一般的企业相差很远,更像一个传统作坊。车在一幢旧式楼前停下,楼上楼下都有走廊,很多地方以木板隔断,整幢楼散发着陈年的味道,唯有一排镶嵌在一层走廊的铁栅栏,让人闻到了一丝现代气息。穿过这

## 制 伞

道栅栏就是伞厂了，伞厂里的陈设与楼的外观一样，从工具到干活的人，仿佛将我带进几十年前。这里的一切都是陈旧的，只有墙脚边一台电动的缝纫机，向人们昭示着时代在进步。

伞厂里干活的工人都是上了年纪的人，一张张脸布满皱纹，手却灵活又忙碌。这家伞厂的主要原料是毛竹、布料或皮纸，也有少许的木料、钉和高强度的线。从一根毛竹到伞，所有的工序在此都能串起来，每道工序都是手工，破竹、刮青、油漆、装套……只有缝制伞布才用那台缝纫机。在这里，我看着这些榆树皮一样干枯的手，将一根根散乱的竹料变成了一把把可挡风遮雨的伞。

伞厂的另一个房间是展厅，我走了进去，好似走进了伞的世界。墙上挂的，屋顶吊的，都是大大小小的伞，有布面的，也有纸面的。布的，清一色的黄；纸的，有白有黄，也有咖啡色，大多画上了不同的画。阳光透过窗户，打在伞上，各式的伞泛着鲜亮的色彩，灿烂的阳光在伞的修饰下，改变了原本的颜色，泛着迷人的光泽。这里是产品陈列室，除了展示的，屋子的一角还堆着大大小小只露出伞柄等待打箱出厂的成品。看来，这里的产品并不愁卖。我查过县志，这样的厂在我们这个30来万人口的山区小县里曾有100多家，现在只剩下这一家了。按时间对照，在全县制伞手工业的最辉煌阶段，当地却很少有人能撑得起伞。换言之，就在全

县的伞产量最高的年代里，绝大多数老百姓却买不起伞。

时间返回40多年前，在我上小学的年代，我们那个50多户的村里，只有寥寥几把伞，除了在村里当队长、会计的人家有伞外，只剩下几个手艺人家了。全村仅有的几把伞中，绝大多数还是纸伞。能撑这样的伞也是一种身份的象征，每户人家都格外珍惜，哪怕伞在家闲着也不会给小孩用。那时候的小孩绝大多数没有胶鞋，雨天男孩子头戴箬叶和竹条编制的我们称之为"叶帽"的大斗笠，踩上一对自制的高跷，就可以上学了。大多数女孩则戴着叶

## 制 伞

帽,脚穿布鞋外套一双成人穿的废弃的胶鞋或解放鞋上学。家庭条件更差的学生,则戴上叶帽,拿着两块半截砖头,扔一块垫脚、再扔一块移步地挪到学校中。那时候的乡间路绝大多数都是土路,只有少数是石块铺就的老路。一下雨,除了有石头的老路稍稍整洁外,其余的道路泥泞不堪,常有踩高跷的人陷入路中不能自拔,摔得泥一身水一身,只能哭着回家脱光了焐进被窝,等母亲将衣服洗干净放在火盆上烘烤干了,才能穿上继续上学。

我们家也有一把纸伞,可破得不成样子。记得父亲一次出远门,回来时带了一把新纸伞,说那把破伞给我们姐弟几个用,还分配了使用雨伞的顺序。比如,两人可以共一把伞,剩下一人戴叶帽,三人轮着享受雨伞。终于,我被轮到撑雨伞了。这把破雨伞的纸面上有好几个洞,只能将伞骨合并才能将破洞避开,用针线将合并的伞骨连上。这样一来,伞就撑不起来了。父亲找来一根钉,在伞柄上锥上一个洞,在灶房的柴堆里撅了一根细竹棍。重新整合后的伞撑上去后,将细竹棍插进新锥的洞中,就不再妨碍挡雨了。只是,这把伞终于在一次放学途中,被我与同学在打斗中彻底肢解成了伞骨。当我躲躲闪闪地回到家,还是没逃过一顿胖揍。从此，我又回到没伞的日子里。直至一天，村里来了一个人，挑着担高叫着"补伞——"，吆喝声传来，母亲便将那把仅剩伞骨的"伞"拿出来，交给那位补伞匠。补伞匠的手非常神奇，他将伞骨上残存的纸揪了，重套上一层纸，刷上油漆，再整修了其他地方。修好的伞面是新糊的纸，尽管涂了一层油漆，白中带黄，却脱离了原伞黄中带红的味道与气息。无论如何，一把只能废弃的伞骨就这么重新焕发了生机，又在我家继续服务了好多年。

  站在伞厂陈列室的一角，我的思绪飘得很远。当与伞厂老板聊到年少时遇到的补伞这个职业时，伞厂老板说，凡是出门补伞的都是技术不行的，技术好的伞师傅肯定在家里不出门。这倒也是，技术好的师傅在家旱涝保收，何苦挑担漂泊在外地呢？我自始至终都不清楚，就在我们都用不起伞的年代里，这里生产的伞卖到什么地方去了呢？

# 竹匠

年少时不懂得珍惜与父母交流，人到中年方觉得与老人在一起聊天的可贵。一次，父母与我谈起他们当时分家独立时，只有一张破凉床、一张老书桌和两床棉花絮，完全靠自己艰苦创业，除了养活并培养了我们姊弟三人外，还建起了新房，撑起了一个不错的家。至今，除了那两床棉花絮可能在不同棉花匠人的加工下，添加到哪床新絮中不见踪影外，那张老书桌和凉床还是完整的。尤其凉床，木头边框，床芯用破成半厘米宽的竹片铺成。经过几十年的岁月磨砺，木边框早已没了棱角，竹床芯也已发红。看着发红的竹床芯，母亲还特意说了一句，这床芯在分家的时候是没有的，是后来请竹匠专门装上去的。

除了那张旧得不能再旧的凉床外，我家还有不少竹制用品。晒东西用的是团箕,清理黄豆芝麻还能晾晒小件的有簸箕,能脱粒还能大范围晒东西的有摊帘,盛放针线的有针线栲,造屋上梁、迎娶亲装礼品用的梁箩,坐的有竹椅,上高攀爬的有竹梯,挑挪东西有粪箕、篾箩,采摘棉花有采箩,拎东西用竹篮……每一种物件还要细分好多个品种,仅竹篮一项,就有大扁篮、小扁篮、花篮、方篮、采篮……大的可装人,小的只能容针头线脑。可以说,当时我们基本生活在竹子的世界里,家家户户都是如此。每有竹制品用旧了,可以请竹匠来修。用坏了,可以放进炉灶里当引火柴。为了编制这些东西,几乎每个村子的闲置地都会有一片竹林,培养竹林几乎不需要任何成本。这可能与南方的天气有关,无论哪个季节,只要将一有生命力的竹根埋进土里,过几天就会与新环境中的泥土融合。

## 竹 匠

每到春季，就有笋子冒出土，只要没人或挖或拔出做菜吃，几天后就长成嫩竹。嫩竹将笋衣顶落，开始舒展出枝丫和叶子，当年就会高入云霄。次年，当人们还没反应过来，又有一大片笋子冒出土。如有意培养，人们会把密集处的笋子挖了；如任由生长，它们也会优胜劣汰。又过几年，人们开始烦这片竹林，因它们会将庄稼给挤了，肆意发展自己的势力。因此，除了生活用竹外，人们还会在竹林的边缘挖上一条深沟，时不时地用刀将越过沟的竹根砍了。否则，根本阻止不了竹林的外展。

有了竹子就有了生活用具，而从竹子变成生活用具却非一般人可为了。于是，竹匠就进入了家庭生活。

印象中我家就请过一次竹匠，除了请他编前面所说的用具外，还有养蚕用的栲、卷筒。这样的栲日常的农事也可用到，最神奇的是竹卷筒。竹卷筒窄长窄长的，可以弯曲。用时先在地上圈上一个圆，然后往里放稻谷，等放到一定程度时，再将竹卷筒卷上一圈，继续往里倒稻谷。一根卷筒用完，还可再接，能将稻谷等细小的东西堆成一座山。既节约了场地，又解了家里没有仓库的围。物资贫乏的年代，人们的智慧是无穷的。当时，我们家房子新建后,确实凑不到钱安装带玻璃的窗户,也在这次请的竹匠手中,编成与窗子同样大小的竹帘,竹帘上布满了一厘米见方的小孔,两张帘子合在一起,中间夹上一层塑料薄膜,这种竹帘挂在窗户上,既可挡雨,也可防寒。至今我家还保留了一张这样的竹帘,不过挂的位置已经移到杂货间的窗上了。塑料薄膜早已风化得没了踪迹,但那两张合在一起的竹帘还保持着原样,只是由原来的黄色霉变成黑色而已。

有了那么多东西要编制,竹匠自然要在我家做好多天。每天早晨,竹匠带着徒弟到我家。这时,家里已泡好了茶,一些自制的点心也上了桌。师傅与父母招呼后,由父亲陪着喝茶。徒弟在师傅的招呼下,站在桌前以两根手指钳起一块点心扔进嘴里,拿起父亲倒好的茶牛饮了下去,立即转身,端了两条长板凳放在屋前的晒场上,按工

竹匠

作位放好后进屋,将头一天存放在我家的工具箱搬出来,一样样地往外拿工具,并按照要用的次序摆放好。所有的准备工作做好后,继续头一天没干完的活。这时,师傅也喝好茶了。他开始从毛竹堆里扛起一根,架在长板凳上下料。当天的料下完后,徒弟放下手中活,用竹刀将下好的毛竹料的竹节用刀打通刮平,师傅开始破竹。等破完粗坯后,归类放好,徒弟又与师傅一道削篾。所有活计按部就班地做着,这时母亲在厨房里招呼大家吃早饭了。

吃饭时,徒弟是不能上桌的。我们家规矩是来者都是客,主人必须让客人坐席,即便是徒弟也一样。至今,只要家中来了客人,有父亲陪坐,我和弟弟都不会上桌,这是多年养成的习惯。当时,父亲叫了好几次,徒弟才在师傅的允许下上了桌。大家吃饭都是不声不响的,偶有师傅与父亲间歇中交换意见才见声音。未几,师傅一碗饭吃完了。他将空碗往桌上一放,徒弟立即放下手中碗,起身给师傅添饭。这时,师傅会叮嘱徒弟再加多少。学徒的生活就是这样,其他的手艺学徒也概莫如此,只是有时劳动场面大,家里吃饭的人多了,我们小孩又不给上桌吃饭,少了观察的机会而已。

饭后,竹匠会叫徒弟在工作场所燃上一堆火,将一些粗加工后的竹子放在火上烤。等竹子的汁液被烤出来时,师傅会将其就势一弯,用一根事先准备好的篾丝将弯好的竹子两头一系,扔在一旁,再开始烤下一根竹子。等他们将所有的竹子烤完后我才知道,原来这就是竹制品的榫卯。看竹匠干活,除了团箕、竹栲、卷筒、摊帘、篮子等用具需要编织外,像椅子、凉床等用具就需要火烤后扳制完成,所以对某些用具就不能称为"打"或"编"了,还有一词就是"扳"。

这些劳动场景,现已非常罕见,竹制品的运用也少了很多,即便见到那么一两样,好像也没以前的牢实。现代人的生活已被塑料包围了,从城市到农村都充满了塑料味道。家里的凳桶瓢盆,基本都是塑料,出门买东西或走亲访友,也一样是用塑料制品。当这些东西不能继续使用时,只能丢弃,至于它们的将来如何,人们再也不关注了。若是用锄头刨开一块地,或许会发现,多年前随意丢弃在地里的那只塑料袋,还在。

# 拾鱼

"你今天怎么搞得像抓鱼的？"这是家乡对全身被水淋湿的人的问候，形象又生动，也因此能反证到人们在抓鱼时的狼狈形象。

抓鱼在我们这个以种植为主的地方，根本算不得一个专门职业。我们这里也有一些小鱼塘，每口鱼塘大小不过数亩，曾为集体所有。每到年底，村里安排抽水机将鱼塘里的水抽见塘泥。安生了一年的鱼突然没了水，慌乱地在稀泥中翻滚。这时，村里的成年男子绝大多数都赤脚下水，极少有穿防水裤的。有的手拿抄网，有的提着竹篮或鱼篓，也有的干脆赤手空拳，遇到有动静的地方就势一抄，扬起一串泥水，鱼进了抄网或鱼篮，再被运进鱼塘里早已备下的大网。无论进网还是没进网的鱼都在扑腾，带动了塘泥飞溅。不仅塘中人泥一身，水一身，连同岸边观看的人身上也溅满了泥水。这些人均非专职渔民，只是被村里临时调度过来捕鱼的。鱼被捕捞完后，鱼塘内外一片泥泞。成人的集体抓鱼结束后，半大的小孩扑进了鱼塘，在塘底的那一泓泥水中摸索，有时也能摸上几条猫鱼。这时的抓鱼活动已没了观众，绝大多数人关心的是自家能分多少了。随着农村"大包干"开始后，这样的集体活动也停止了。那些鱼塘要不被个人承包，要不就回填成宅基地了。

我们村依水而生，但世代农耕，少有以捕鱼为业的，偶有几个人在农闲时节在河里拦上几条丝网，坐等鱼撞网，收了回家，既能给自家餐桌上添一道菜，也能在乡镇农贸市场上换几个零花贴补家用。外村也有一人，时常到我们村边河里寻上一地，将自织的网猛地扔出去，脱手而出的网成了一个圆罩，罩住了一片河面。等那个圆罩带来的涟漪散尽后，圆罩也消失在河面。他慢慢地收着手中的绳子，当网全部露出水面时，网中也挣扎了几尾大小不同的鱼。等他离开时，腰中的鱼篓已被鱼填满了大半。这样的捕鱼方式，在现代影视剧里常能看到，而在我们家乡，

## 抓 鱼

我只看见过他一人是这么捕鱼的。

分田到户后的春秋两季，村中出现几个划着腰子船放丝网的青年。他们将买来的丝网和自制的小划板、小板凳放入一个大篓子穿上扁担的一头，另一头穿在腰子船的铁环上，形成大小不均衡的担子来到河边，准备捕鱼。腰子船长约一米五，宽容一人，粗看像一只杀猪桶。细看两头尖翘，船底圆润。这么一艘勉强能在水中放稳的像猪腰子的船入水后，捕鱼人从篓中取出丝网，选一河段，端出小凳子，能很平稳地坐在腰子船前方，在船尾高跷中，一手划船另一手放丝网，丝网从左岸铺到了右岸。网放好后，人重新挪回船中央，从下网处反方向划船。这时的船被他们划得非常花哨，小划板拨动着水，船头船尾一仰一合，河中的涟漪一圈圈扩大，泛成了浪花。浪花喧闹，自然也惊动了水下的鱼，此动作被他们美名为"赶鱼"。这种赶鱼有些耗力，常将捕鱼人折腾得气喘吁吁。等水面稍微平息时，捕鱼人将船划向下网处，一只小划板被放入船中，空出的手不断拎网观看，如有鱼上网，便双手配合将其下了，放入鱼篓。一天下来，收获也不小。次日凌晨，这些鱼出现在镇菜市场中。那段时间，捕鱼成了这几个人的职业。他们在河里收获外快时，遇上村里有人渡河干活的，只要招呼一声，他们便将来人送往对岸。村邻们都知道乘这种船的技巧，如有外人，捕鱼人在讲解并演练后方将人渡到对岸。

我从十一二岁就开始乘坐这样的船渡河了。那年冬天，父亲叫我与他一道到河对岸的地里帮忙干活。过去时，父亲背着我涉水渡过，返回则不行了。由于我们还在河滩地上砍了两捆柴，父亲在前边担着，我则拿着工具随后。到了河边，父亲就将我委托给一位捕鱼人后，就直接脱了鞋袜，担着柴光脚进了河里。我在父亲下水的上游部位等到了捕鱼人，听着他的吩咐哆哆嗦嗦地将一条腿迈上腰子船中央，船晃动了一下，吓得我赶紧将脚往回抽。那人说，不要紧，一点点晃没关系，尽管放心大胆地上船。上了船后，他叫我一手把住船的一边，蹲在他的前方，叮嘱我无论发生什么也要保持挺立的蹲姿。可能由于我的身子还没长开，这样的分量在腰子船中可以忽略不计，人家就根本没将我当回事，略去了讲解。

这条河水流比较急，我还曾在此被水冲走过，所以一直心怀恐惧。坐在腰子船里的我随着小划板的划动左右摇

## 抓 鱼

晃，我的心也随之左右颤抖，心中浮满了焦灼与不安，甚至在想，如果腰子船翻了，捕鱼人先救我还是先捞船或其他工具？胡思乱想中，我被稀里糊涂地送上了岸。经过了这一次的乘船，我的胆子也大了起来。次年，我居然也敢单独上船了，并且还能站在船中央，自己赶鸭的竹棍撑船了。河边洗衣服的妇女看着我的样子，见怪不怪，不以为然，我立即就没了上船的自豪感，原来村里的小孩大多会这样驾驭腰子船。

转眼，雨季就到了，连天的瓢泼大雨将河水都冲得浑浊不堪。一天上午，河面在上游大坝的泄洪中瞬时扩大了好几倍，黄浊的水咆哮着奔流而下，沿河的大树淹进水里，仿佛成了孤独无助的浮萍，有些树就在这样的无助中，连根而起，顺流而下。这时，有两人扛着腰子船出现在河边，在沿河观看的人们的惊呼中下了水。腰子船立即变成了洪水中的一片树叶，一会儿被推上浪头，一会儿消失不见。在飘摇隐匿中，腰子船接近了一棵被洪水冲倒后不断翻滚前行的大树，船上的人擎起一只大斧，对准不断翻滚的树枝抡了上去，树枝被砍断了。斧子又瞄上另一树枝。在人与树枝、洪水搏斗的过程中，他俨然成了一位将军，所不同的是胯下的战马成了腰子船。腰子船与树枝越来越少的树顺着洪水往下游奔腾，消失在人们的视线里。傍晚，人们心神不宁地暗自祈祷他们平安时，那两人一前一后扛着腰子船出现在村口。第二天，依然能看到他们骑着腰子船与洪水中的树搏斗。第三天依然如此。

　　洪水过后，河道中一片寂静，所有留存的东西如动物的毛发，被一边倒地梳理了，幸存的大树树干和树枝中也挂着漂浮物。就在这看似整理了的河道中，出现了一棵棵不同一般的树。这些树的树枝被漫不经心地修葺过，树干上被钉上了一根U形卡钉，钉上连着一根长绳，绳子的另一头绑在一个桩上。桩，被牢牢地钉在河滩上。原来他们在与洪水搏斗中，将一棵棵树用穿好绳的卡钉钉好，用嘴叼着小指粗细的尼龙绳，划动腰子船，顺流而下到缓水区，以木桩固定，树便停了。如果途中发生险情，嘴一松，树就走了。洪水过后，我们将一棵棵树干扛回家，用作建房的梁柱。就这样，这两人当年就盖起了新房，几乎所有的木料都是在洪水中捞取的。

# 砖匠

我的姨父是砖匠。在我很小的时候,我们家还住在老房子里,厨房位于房间门口的厢房里。家境好一些的时候,我们家在房子的旁边清理出一小块空地,准备新建一间厨房。开工的那天,姨父带着工具来了,家里也请来了几个帮工协助姨父。厨房就这样热热闹闹地开工了。在干活时,姨父一改平时轻声细语的和蔼模样,将声音叫得很大,一会儿叫帮工上砖,一会儿叫着上灰,将整个一天叫得热热闹闹。一间二十平方米左右的房子,里里外外地粉刷,居然在两天时间里全部干完了。第三天,还是在姨父的吆五喝六中,一堂两口锅的大灶和一个烧水炒菜的小灶也都完成了。第四天,我们全家就在新厨房里,用新锅灶烧饭、炒菜了。

从那一天起，我知道了姨父是个砖匠。

没过多久，我们家将老房子拆了，换一个地方盖了三间大瓦房。也在姨父的吆五喝六中，与木匠一起完成了土木工程。在完成里外粉刷后，姨父还

拿着毛笔，在新房四面八只上角上画起了八仙图。没想到他还会画画，至今那八仙图还在。当时我才上小学五年级，根本看不懂画的是什么，后来我才知道，他画的是暗八仙。暗八仙实际上是八位神仙使用的武器，只是采取民间的智慧美化而已。

这倒不是姨父多才多艺，而是旧时全能型的砖匠必须具备的素质。这些素质不仅包含画画，而且还要在替人家建房讨头彩，也就是在开工、上梁时讲一些吉利话。遗憾的是，我几次叫姨父复述这些话，他始终不愿意，只有作罢。除此之外，还有砖匠如何给主人家下蛊，我们这里称之为"弄窍"或"弄鬼"，这些也是砖匠的旧习俗，只是

# 砖 匠

弄窍为积弊。砖匠弄积弊是一种报复主人的一种方式，其他匠人也有方式弄窍。比如在建房时，砖匠将一副碗筷放进大门顶上，住进这间房的人家永远发不了财。另一种做法是给人家砌灶时，玩上一个门道，会使主家经常煮夹生饭。还有木匠给人家建房时，在中梁上滴上几滴血，与砖匠在门头上放碗筷一样，让主人交厄运。木匠给人打家具时，在新床上弄点窍，夫妻二人只要上床必定会吵架，换床则好得多，等等。被弄了鬼的主家当时是不知道的，经过反复验证后，会寻求一些迷信的方法破除法。一般来说，砖木匠在熟地方是不会这么做的，只有在生人生地方才会这么做。所以，一般人家动土建房时大事，请砖木匠时必请熟人，防止出现"弄鬼"现象，即便不会造成什么后果，也会为自己心里添堵。

当下，城市在不断扩大，一幢幢高楼拔地而起，其中就少不了砖匠的作用。然而，大多数砖匠都不一定知道传统砖匠需要掌握多少技艺才能成为一个准师傅。据我了解，砖匠首先要会建房子。多高的房子、什么样的土层要下多深的墙脚，深了费工费时也费财，浅了墙基不牢，轻者墙开裂，重者房倒塌。确定好墙基的深度后，在码墙脚时，还要会一些石匠功夫，如何将奇形怪状的石头弄得服服帖帖，个顶个地起作用，而且其中不用一点带黏性的物质，完全凭手艺。墙脚下好后，开始在上面用一样厚薄的砖镶上两层边，在边上开始砌装斗墙，装斗墙与现在砌墙完全不一样。现在的砌墙只要将线走齐了，一块一块地和上混凝土往上垛就行，墙的厚度只是一块砖的长度。旧时的斗方墙砌起来要麻烦得多，用的是泥浆和上石灰做成的灰浆为黏合剂，这种黏合剂被称之为"灰"。在砌墙时，每一块砖都要站立着，内墙与外墙站立的角度不一样，内外墙站立的砖正好对半，每两块砖的接头还需站立一块直角砖，这样砌出来的墙中间是空的，中空部分呈不完整的交叉正方形，中间正好装土，干土装上后，还需洒水。时长日久，中间的土自然结成块，这样的墙既能节约用砖，又能增强防盗隔音效果。

　　传统的砖匠比较见功夫

## 砖 匠

的还是盖瓦，过去的瓦都是那种约莫半尺见方的弧形小瓦，薄薄的，稍微挤压就会破碎。砖匠在盖这种瓦时，由屋檐一直盖到屋脊，结顶后全身而退，不伤片瓦。房子做好了，还要粉墙。粉墙的材料依然是石灰，辅以碎白草来增加其强度，一手托着石灰，一手用粉刀，一刀一刀往墙上粉，粉上一块后，再用木刀将墙打磨平，既保持了平整度又增加了石灰附着的强度，一面墙粉完后，还需用石灰水刷上一遍才算完工。

还有一种能体现砖匠功夫的是搭灶。我们村传统的灶只有火塘，火塘下方没有煤灰出口。在每天的使用时，先将火塘里残余的柴灰掏干净了，再添新柴火烧。这样的灶据说不省柴火，却能相对持久地保住火塘里的温度。如遇上不会烧的，常烧不着，或者薪柴会在里面沤成了木炭。由于没了煤灰与烟出口，自然对砖匠的要求更高了。假如灶起得不好，柴火进去后难烧，要么火头不旺，要么很浓的烟弥漫了整个厨房，要么半边火旺半边火小。我们这以"出气带冒烟"形容不争气的窝囊人，大概就源于此。这些都成为最终考验砖匠的真功夫的标准。据砖匠们介绍，这些技术往往无法用言语能直接表达的，需要学习者个人感悟才能达到技术要求。技术好的砖匠不仅能将这种平灶起得很好用，搭有炉芯和烟囱的灶子更不用说了，放一根薪柴在里面，火也会烧得很旺。

那一年，我们家在做房子的时候，放学后的我随着家人削砖，也就是将从旧房子上拆下的并沾染泥灰的砖用刀子削去。目睹了砖匠做事的全过程，自然也想找一个尝试的机会。这机会很快就到了。等全家搬进新房后，我开始继续遵从父母的指令，利用早晚时间在水沟里、空田地里放鸭子。晚上，我回家后直接将鸭子赶进鸭棚。鸭棚是在一个墙角里随便用几根竹子围起来的圈，很是简易。为了给鸭子改善居住环境，也为了检验我看来的技术，我捡了一些断的、畸形砖堆在墙角，模仿砖匠的动作，砌了一个一米多高的小房子，上面还盖了瓦，一个漂亮的鸭舍就这样完成了。可惜这个鸭舍寿命不长，一次我们家购买了大量薪柴，被前来帮忙的大人在薪柴的投掷中不小心砸倒了。

没几年，我们家将周围的空地利用起来，盖起了一些小房子。这些小房子的墙有的砌砖，有的打土墙。我见土墙难看，又想展示一下自己的手艺，在一个家中没其他人

## 砖 匠

的白天,放下正在做的作业,干起了砖匠,将一面墙粉好了一层水泥。这些水泥是父亲要用作他用的,却被我随便用在厕所的土墙上,我终于没能逃脱得了父亲的一顿责罚。至今,那堵被我粉过的墙还在,三十多年的时间过去了,水泥没一点脱落,只是不怎么平整而已。当然,这主要还是我的技术不行。

# 援记

手艺是人类在农耕生活实践中因地制宜、因材施艺创造的，能谐适于自然环境和社会生活的一种方式，绵延着吃苦耐劳、精益求精的优秀品质，赓续着世间最可宝贵的精神家园。然而，随着社会的高速发展，人们的生产生活方式在不断变革，民间手艺以一种不可逆转的趋势走向衰退与消亡。我曾有不少以手艺为生的亲属，有的今已老迈，有的改投他业，有的驾鹤西行。手艺的弱化成为社会高速发展中的不争事实，一种可贵的精神在我的视线渐行渐远，于是我心生出以一种人文的方式抒写曾经的精工岁月的念头。特别在是2012年，家父突发心梗，在送往医院抢救时，我越发感觉到人的生命是如此脆弱，岁月是如此无情，便笃定了写作的决心。几年过去，回首曾走过的路，我庆幸自己抓住了机会。

写手艺人的开端很顺利。我白天上班，在纷乱的公文堆中完成赖以生存的基础保障；晚上到家，在电脑前一坐就是五六个小时，每天以数千字的速度往前推进。然而，到了第四天，我写不下去了。毕竟每一种手艺都有不一样的环境，这些环境似乎与我很近，可当我试图与之亲近时，竟又很难唤起心里的共鸣。这种欲迎还拒的感觉让我始料未及。想着难以企及的目标，看着已经成型了几万字的稿子，总有一种挥之不去的遗憾与不舍。于是，将稿子分成几份，先给了《清明》的温小龙先生，没多久，《清明》以《乡村手艺人》为篇目刊用了。将另一篇稿给了李国彬先生，时任《安徽文学》副主编的他以《砖匠》（外一篇）为题刊登。被这两个代表安徽最高级别的文学杂志刊用，又给了我写下去的勇气与信心。

然而，世间之事总是沟沟坎坎。我好不容易增强的信心再次被消磨，不断增多的工作任务，加上社会、家庭的事务，占用了我的整个空间。我几乎没了休息日。为有效利用一切可利用的时间，我将稿子拷进了U盘随身携带，一有机会就抓紧追梦。谁知造化弄人，在一次操作不慎中，U盘里所有Word文件都打不开了。我找了很多人，甚至找到研究计算机的高端人才，也没能解决。20多篇稿子就这样消失了。我欲哭无泪。

或是上天的垂怜，我认识了学苑出版社的编辑陈佳女士，一次闲聊中说起这些未成的稿件，在她的努力下，出版社表示愿意等我重新开启这个写作计划。于是，借着对旧文的依稀印象，我耐住性子一篇一篇把它们又写了出来。在这次重新动笔的过程中，过去的那段波折与艰辛，在心态与想法上锻造了我，也丰富了我。于是，我不仅改写了旧文，又创作了多篇新的与故人交流、与过去握手的文章。

本来，我是单纯从手艺人的生活状态入手，兼顾当地有特点的农事来写，二者似乎也有一定的隔阂，可随着写作的深入，我发现这两条不同的轨迹常有交集，手艺中有农事，农事中见匠心。时光的追索中，年少时的往事愈加丰满，不时触动我的敏感内心，数次潸然泪下，不能自已，不得不停笔平复心情。完稿后，我们原先计划的《乡村手艺人》《小城手艺人》等书名似乎不能完整表达这种交集。这种以手艺追忆往事，以往事带出手艺，以手艺与往事叙述工匠精神与曾经的家园，思来想去，还是以《手艺往事》为名吧。

在写作的过程中，很多手艺只拟了一个标题，内文怎么也写不下去，我便去父母处请教。在请教与交流中，有

# 后 记

些手艺生活渐渐丰满起来，才有了书中文字的出现。尽管将其中任何一文抽出，都觉得有些单薄，但至少表达了我们曾经拥有的生活。为此，我庆幸我有对手艺有着深刻理解的外公、父母和多位亲友，是他们人生经历支撑了我的写作。当所有文章都完成后，我无法为这些散乱的篇目分出先后来，发给编辑陈佳后，她按文章标题音序做了排序。于是，《摆渡》成了第一篇。起初，这与我的期望有些落差。可当我细细品味后，发现没有任何一篇文章能替代《摆渡》的首篇位置。因我写的是往事，这个标题暗含了现在与过去、城里与乡下、手艺与生活、家庭与社会、兴盛与衰落……在多重强烈反差中来回过渡，这难道是天意？

拙作是记录与再现往事的，需要以一些图片来辅助说明，进一步增加色彩。怎奈有的手艺早已消失，根本没有图片留存，我便找到杜爱鹏先生，他在我们当地政法系统担任要职，却画得一手精彩的人物画。他看了我的文章，非常爽快地答应了。于是，就有了书中一幅幅颇有特色的插图，为本书增色不少，在此一并向他致谢。

黄飞松

2020 年 10 月

# 补　记

本书2020年12月底出版后，正遇上北京新冠疫情防控形势严峻，在出版社日常上班受到影响，仓库又不能正常发货等情况下，本书的销售仍然不错。前不久，我需要几本书参加活动，与责编陈佳联系后才知出版社库存已告罄。我只能上网，一本一本地淘够所需的书。心想，当今社会媒体多元化，纸媒阅读量锐减，本书居然也能取得如此好的销售，对我这个草根作者来说是一种莫大的荣光。本书谈的是曾经的手艺，以及手艺带给人们的生活，说明在社会走向大工业化生活后，人们对传统的、原生态的生活的情感并未因如今生活方式变化而改变，对真、善、美的追求仍是一如既往的执着。为此，我对原书中的失误进行了校订，增补了一些篇目，丰富了部分细节。画家杜爱鹏先生得到本书再版消息后，增加了十余幅插图，使本书在第一版基础上更为立体。在此，除感谢出版社的策划与广大读者厚爱外，还要向辛勤编排与创作的责编陈佳女士、杜爱鹏先生致以崇高的敬意。

2022年6月